Hans Sonntag

Erlebte Kunst

Meissener Figurenporzellan
aus drei Jahrhunderten

Hans Sonntag

Erlebte Kunst

Meissener Figurenporzellan aus drei Jahrhunderten

Aufnahmen
Jürgen Karpinski

Edition Leipzig

Die im Buch verwendeten Bezeichnungen »Böttgersteinzeug« und »Meissener Porzellan«
sind keine Werkstoffbegriffe, sondern rechtlich geschützte Marken der
Staatlichen Porzellan-Manufaktur Meissen:
Böttgersteinzeug ®
Meissener Porzellan ®

Die Deutsche Bibliothek – CIP-Einheitsaufnahme
Erlebte Kunst : Meissener Figurenporzellan aus drei
Jahrhunderten / Hans Sonntag. Aufnahmen Jürgen Karpinski. –
Leipzig : Ed. Leipzig, 1997
ISBN 3-361-00469-1
NE: Sonntag, Hans; Karpinski, Jürgen

Umschlaggestaltung: Morian & Bayer-Eynck, Coesfeld
Reprodukton: Förster & Borries, Zwickau
Satz: XYZ-Satzstudio, Naumburg
Druck: Messedruck GmbH, Leipzig
Binden: Kunst- und Verlagsbuchbinderei, Leipzig
Printed in Germany
Gedruckt auf alterungsbeständigem Papier mit chlorfrei gebleichtem Zellstoff
Gesetzt nach den neuen Regeln der Rechtschreibung

Inhaltsverzeichnis

Vorwort

Aus der tausendfachen Vielfalt der Meissener Figuren aus drei Jahrhunderten kann in diesem Buch nur ein kleiner Teil bildlich vorgestellt werden. Mitunter erscheint nur eine Figur stellvertretend für viele andere ähnlicher Art. Es wurden thematische Schwerpunkte geschaffen, die Charakteristisches der jeweiligen Zeit beinhalten, sodass die Abfolge der Figuren einem Gang durch die Geschichte gleicht. Die Auswahl der Themenbereiche und Figuren erfolgte nach dem Vorhandensein geeigneter Modelle im Bestand der »Schauhalle« (d. h., stark defekte Figuren konnten nicht in Betracht gezogen werden), nach vertriebsspezifischen Aspekten und nicht zuletzt aufgrund persönlicher Vorlieben des Autors.

Wesentlich erschien dem Autor die skizzenhafte Darstellung des kulturellen und künstlerischen Umfeldes, in dem die Meissener Figuren wurzeln und aus dem sie schließlich in dieser unverwechselbaren Art und Weise erwuchsen.

Die Herstellungszeiten der Plastiken sind sehr unterschiedlich, zumeist unabhängig vom Zeitpunkt ihrer ursprünglichen Modellentstehung; damit soll vor allem auch der Aspekt des reproduktiven Weiterlebens dieser Kleinplastiken anschaulich gemacht werden.

Zu Beginn der europäischen Porzellanentwicklung stand die Gestaltung von Figuren – von einigen Ausnahmen abgesehen – zunächst nicht im Vordergrund, sondern die Herstellung von Kännchen und Kannen, Kopchen, Schalen, Tellern, Vasen, Humpen und Leuchtern, bis schließlich in Formgebung und Dekoration zusammenhängende kleine und größere Service entstanden. Zunächst fanden sie als kostbare Kabinettstücke Verwendung, wobei sie auf entsprechend gestalteten und angeordneten Konsolen die Wände der Kabinette gliederten und dekorierten. Mit der immer vollkommeneren technisch-technologischen Beherrschung des Materials und deren plastischer Formgebung bis ins kleinste Detail sank vermutlich auch der elitäre Wert der Plastiken im Sinne von Pretiosen der frühen Jahre. Plastische Porzellangestaltungen gliederten einerseits in der Vertikalen die Wandflächen und verschmolzen gewissermaßen mit der Architektur des Raumes zu einer Einheit, andererseits dekorierten sie als variable Versatzstücke in der Horizontalen die reizvollen Tafelbildgestaltungen.

Plastische Gestaltungen – Figuren, Bäume, Häuser, architektonische Zierelemente, Tiere, Embleme usw. – aus Butter, Wachs, Marzipan, Glas, Eis und vor allem aus Tragant-Zucker schmückten im 16., 17. und auch noch im 18. Jahrhundert in ästhetisch raffiniertester Art und Weise die zumeist thematisch gestalteten Tafelbilder der großen und kleinen Fürsten. Diese plastischen Gebilde hatten allerdings selten eine lange Lebensdauer. Durch Wärme, Feuchtigkeit und Stoß zerbrachen sie leicht, die genießbaren Materialien wurden während der Festlichkeiten teilweise gegessen oder »angeknabbert«, und schließlich ist bekannt, dass solcherart aufwendige Tafelbilder zum Abschluss der Feste lustvoll mit vergoldeten Äpfeln und Nüssen zerstört wurden.

Mit der Erfindung des europäischen Porzellans war schließlich auch ein extrem modellierfähiger Werkstoff gefunden worden, der ähnlich wie die Tragant-Zucker-Massen (über »Model« als Ausformhilfen) be- und verarbeitet werden konnte, aber dauerhaftere plastische Gestaltungen zuließ, die zwar nicht durch Feuchtigkeit oder Wärme zerstört wurden, aber dennoch Vorsicht und viel Gefühl verlangten, da auch sie bei Stoß leicht zerbrechen konnten. Infolge der auf die Glasur eingebrannten Porzellanfarben darf angenommen werden, dass die Porzellanplastiken intensiver das hundertfache Kerzenlicht reflektierten und in bunter Edelsteinfarbigkeit leuchteten. Die Tragant-Zucker-Gebilde waren auch weiß, sie wurden, um Glanz zu erhalten, mit einem Lackfirnis überzogen und schließlich mit Naturfarben bemalt.

Figürliche Gestaltungen aus Porzellan begleiteten die einzelnen Gänge eines festlichen Mahles und trugen somit zur geselligen Kommunikation an der Hoftafel bei. Besondere Aufmerksamkeit widmete man dem letzten Gang des Menüs, dem Dessert. Deshalb sind zahlreiche Figurengruppen auch als »Dessertaufsätze« bezeichnet. Die Figuren des Dessertaufsatzes standen auf langgestreckten, aus einzelnen Stücken zusammengesetzten Spiegelplatten, die in Metall gefasst waren. Als rahmende Kulisse verwendete man gern Gartenelemente. Durch die garten- oder parkähnliche Anordnung erhielten die Tischfiguren die gleiche Funktion wie Steinplastiken in Gartenanlagen – beide dienten der Erbauung und Unterhaltung der höfischen Gesellschaft. Zudem war ein Dessertaufsatz in Form eines Gartenparterres ein wirkungsvoller und neutraler Schauplatz, in dem man Figuren unterschiedlicher Themenkreise miteinander kombinieren konnte. Die jeweilige Auswahl der Figuren war jedoch nahezu immer einem Gesamtthema verpflichtet. Durch Kombination bzw. Austausch einzelner Figuren erreichten solche Tafelbilder eine thematische Vieldeutigkeit, die zudem oft verschiedene Sinnebenen miteinander verband. Porzellanplastiken entwickelten sich somit im direkten Zusammenhang mit der höfischen Tafelkultur. Aufschlussreich ist, dass im »Inventarium über das sämtliche Porcellain in Sr. des Herrn Premier-Ministre Reichs Grafen von Brühl Excellenz Conditorey, welches den 1 ten Octobr. 1753 revidiret und übergeben worden« rund 4 000 plastisch gestaltete Objekte aufgeführt werden, die für die Tafelgestaltungen vorgesehen waren.

Porzellanfiguren müssen heute mehr oder weniger losgelöst von diesen dargestellten inneren Zusammenhängen betrachtet werden; sie erhalten damit natürlich eine andere Wertigkeit als ursprünglich vorgesehen, denkt man z. B. an die Tierplastiken, die bei den aufwendigen Jagdtafeln Verwendung fanden, oder an sakrale Plastiken, die bei religiösen Feierlichkeiten die Tafeln schmückten.

Ich danke all denen, die mir bei der Realisierung dieses Buches mit Rat und Tat zur Seite standen, mein besonderer Dank gilt dem Geschäftsführer der Manufaktur, Herrn Dr. Hannes Walter, dem Fotografen, Herrn Jürgen Karpinski, und dem Kustos der Manufaktur, Herrn Dieter Keil.

Hans Sonntag

Meissener Figuren vom 18. Jahrhundert bis zur Gegenwart – ein Plädoyer für Verwandlung und Variation

Obwohl sich manche der manufakturspezifischen technisch-technologischen Herstellungsprozesse im Verlaufe der beinahe dreihundertjährigen Entwicklung der Meissener Porzellan-Manufaktur veränderten (z. B. Masseaufbereitung und -zusammensetzung, Brenntechnik, Ausformmittel, Glasurtechnik usw.), sind in den seither ständig reproduzierten Porzellanplastiken die ursprünglich vom Künstler bildnerisch gestalteten geistig-emotionalen Gehalte erhalten geblieben und somit dementsprechend rezipierbar. Eine wohl unverzichtbare Voraussetzung dafür ist, dass die artifizielle Gestaltung der Plastiken durch die überlieferten kunsthandwerklichen Fähigkeiten und Fertigkeiten der Modelleure, Formhersteller, Former, Bossierer und Staffiermaler beibehalten worden ist.

Produktionsbedingte Herstellungsabläufe und historisch wandelbare ästhetische Geschmacksurteile konnten aber immer, zu allen Zeiten, partielle Gestaltveränderungen hervorrufen, z. B. bei der farbigen Staffage, die abhängig ist von der Qualität der Farben, vom allgemeinen, jeweils zeitgemäßen Farbempfinden und vom subjektiven Können des jeweiligen Staffiermalers, oder beim Aufreparieren einer Figur in Modellierton durch den Modelleur bzw. beim individuellen Weglassen oder Hinzufügen plastischer Gestaltungselemente und bei modellierten Oberflächengestaltungen (z. B. Fell- oder Federstrukturen) seitens des Bossierers. So kann sich z. B. eine Figur bzw. Figurengruppe durch die Gestaltung eines anderen Tisches bzw. von Tischbeinen, eines anderen Klaviertyps oder durch den Austausch von Instrumenten, anderen Baumarten oder Blumen, Attributen oder diversen Tieren verändern bzw. variieren. Oftmals bezieht sich diese Veränderung auf frei modellierbare Zugaben oder auf Teile von bereits vorhandenen Figuren bzw. Gruppen, die in neuem Zusammenhang wieder verwendet werden, weil sie passend erscheinen. Stuhllehnen, die einstmals durchbrochen waren, wurden irgendwann einmal als geschlossene Fläche gearbeitet, diesmal vielleicht mit einem plastischen Ornament versehen. Klaviere ohne Deckel, mit Sicht auf die Saiten, wurden zu einem kaum benennbaren Zeitpunkt – aus welchen Gründen auch immer – mit geschlossenem Deckel dargestellt. Waren auf einem Tablett ursprünglich zwei Gläser mit Weinkanne plastisch gestaltet, wurde daraus vielleicht ein Kaffeegedeck mit einer Kaffeekanne. Trug die galante Dame einst ein ovales Medaillon am Busen, wurde später daraus eine Schleife oder eine Korallen- bzw. Perlenkette zierte nun den schönen Hals. Die von Johann Joachim Kaendler in den Jahren 1748 bis 1750 gefertigten neun Musen, nebst Apollon, entstammen einem Prachtspiegel mit Konsoltisch, der Teil des Hochzeitsgeschenks Kurfürst Friedrich Augusts II. von Sachsen an seine Tochter Maria Josepha gewesen ist, die am 10. Januar 1749 den Dauphin von Frankreich heiratete. Für die Weltausstellung 1900 in Paris wurde dieser Spiegel mittels der Originalformen noch einmal ausgeführt. In diesem Zusammenhang fanden schließlich ab April 1901 unter Leitung von Professor Emmerich Andresen (Vorsteher der Gestaltungsabteilung) diese Figuren auch einzeln, auf hohen Postamenten sitzend, ihre Ausformung. Seit 1916 wurden sie schließlich mit nachempfundenen Rokoko-Postamenten gearbeitet.

Im 18. Jahrhundert war die Kunst der Modelleure und Bossierer noch frei von verbindlichen, festgelegten Regeln. Modellcharakter besaß vermutlich nur die »Kernsituation« einer Plastik. Zugaben, Veränderungen der verschiedensten Art waren somit möglich und statthaft, denkt man z. B. an Leuchter mit völlig unterschiedlichen Figuren, an die Gärtnerkinder mit oftmals gleichen Körpern, aber wechselnden Attributen, oder an den »Harlekin mit Weinkanne«, der in dieser Version (stehend, tanzend) auch mit einer Brille in der erhobenen Hand, anstatt der Kanne, dargestellt wurde. War es Kaendlers eigene Absicht, war es der Wunsch eines Auftraggebers oder war es die individuelle Gestaltungsfreude eines Bossierers? In einem Arbeitsbericht vom Oktober 1726 ist vermerkt, dass man zum ersten Mal verschiedene Sorten bemalter Kaffeefässchen mit ihren Unterlagen »so in gewißen Figuren bestehen« produziert. Schon im März 1735 musste Johann Joachim Kaendler diese Kaffeefässchen reparieren (d. h. als Modell erneuern), »weiln die Vorige Forme durch Vielen gebrauch Wandelbar worden war«.

Der Aspekt des Reproduzierens mit allen Verführungen und Gefahren, kreativen Freiheiten, Zwängen und Unwägbarkeiten ist das eigentliche Faszinosum der Porzellankunst!

Von Anbeginn der europäischen Porzellanentwicklung im 18. Jahrhundert war man auf die ständige Reproduzierbarkeit aller einmal geschaffenen Objekte künstlerisch und handwerklich ausgerichtet. Dieser Fakt des Wiederholens, aber auch des Wiederholenkönnens ursprünglicher künstlerischer und kunsthandwerklicher Leistungen – auf der Grundlage sich ständig verändernder Technologien – war und ist die Existenzberechtigung einer Manufaktur als arbeitsteiliger und lebendiger Produktionsbetrieb.

Der Künstler, der mit dem feinkeramischen Werkstoff Porzellan zu arbeiten fähig und gewillt ist, gestaltet nahezu grundsätzlich (außer bei Unikaten) sein originäres Modell als Ausgangspunkt aller Reproduktionen in Modellierton, mitunter auch in Gips. Dieses nur von ihm geschaffene »Kunstwerk« – noch nicht in Porzellan! – wird und muss sich aufheben in einzelnen negativen Modellformen und kann sich objektiv in Porzellan nur als Reproduktion, geboren eben aus den Formen, realisieren.

Das Original des Künstlers (in Modellierton) wird in entsprechende Einzelteile zerschnitten und von diesen Einzelteilen werden jeweils negative Modellformen (aus Gips) hergestellt. Mittels dieser werden anschließend – wiederum in Modellierton – positive Ausformungen aller Einzelteile gefertigt. Diese ausgeformten Einzelteile müssen akribisch überarbeitet und unter Umständen korrigiert bzw. verändert und schließlich erneut zur Figur in Modellierton zusammengesetzt werden. Diese nunmehrige Endfassung in Modellierton kann sich gegebenenfalls von der ersten Fassung wesentlich unterscheiden. Danach wird diese Figur erneut in entsprechende Einzelteile zerschnitten und von den jeweiligen Einzelteilen werden Gipsnegativformen als Arbeitsformen hergestellt. Nun kann die eigentliche Reproduktion in Porzellan beginnen!

In neuerer Zeit ist es üblich, dass der Künstler den Prozess vom Modellierton bis zum Gipsmodell selbst betreibt und somit eine zweite Modelliertonfassung überflüssig macht, d.h., er gibt das überarbeitete, originäre Gipsmodell selbst frei zur weiteren Bearbeitung.

Im 18. Jahrhundert war es zunächst üblich, aus den erstmals gefertigten negativen Modellformen (aus Gips) bereits einige wenige Abformungen in Porzellanmasse anzufertigen. Als dann jedoch umfangreichere Bestellungen für die diversen Plastiken eingingen, hat man – um die Urmodellformen zu schonen – die zweite Stufe der negativen Modellformen und damit das Ausformprinzip über negative Gipsarbeitsformen angewandt. Da diese nur eine begrenzte Lebensdauer haben, mussten sie über die Jahrhunderte erneuert werden.

Im benannten Fertigungsprozess von der Urmodellform zur zweiten Modellform konnten, wie bereits beschrieben, Veränderungen, Abweichungen eintreten, je nachdem, ob und wie sich der Künstler mit den ausführenden Modelleuren über die praktikabelste Lösung der Ausformtechnik einigte. Vielfach ergaben sich notwendige Veränderungen des Abformens, da sich bestimmte Vorstellungen des Künstlers handwerklich nicht realisieren ließen (Probleme der Statik usw.). Traten entsprechende ausformtechnisch bedingte Veränderungen ein, dann gab es schließlich auch zwei unterschiedliche Modelle bzw. Modellformensätze.

Das Endprodukt, nachdem alle Einzelteile aus Porzellanmasse in den negativen Gipsarbeitsformen ausgeformt und durch die traditionsreiche Handwerkskunst der Bossierer überarbeitet und zur Figur zusammengesetzt wurden, ist die reproduzierte Porzellanplastik, die letztlich in dieser Entstehungsphase ohne jegliches Zutun des eigentlichen Künstlers geschaffen wird.

Namentliche Zuordnungen der so entstandenen Plastiken an Künstler (z.B. in der Art »modelliert von Kaendler, 1745«) sind eigentlich irreführend, denn damit wird suggeriert, dass der Künstler diese vorliegende, konkrete Figur selbst, eigenhändig so gearbeitet hat, was jedoch kaum der Fall war.

An der fertigen Porzellanplastik kann der Künstler keine Veränderungen mehr vornehmen, er kann höchstens das Modell bzw. die Modellformen korrigieren oder aber er muss ein neues Modell fertigen. Wie bereits erwähnt, haben auch die Bossierer entsprechende Gestaltungsfreiheiten!

Anders verhält es sich bei der gezielten Herstellung von »Urstücken«, die Max Adolf Pfeiffer ab 1918 initiierte. Bei diesen Plastiken wird die Ausformung bzw. Staffierung vom Künstler selbst kontrolliert bzw. überarbeitet. Vor dem ersten Brand (Glühbrand) bzw. vor dem dritten Brand (Farbbrand) kann der Künstler die Gestaltgebung noch persönlich beeinflussen. »Urstücke« sind somit vom Künstler besonders autorisierte Exemplare. Gegenwärtig wird durch Dr. Hannes Walter das Prinzip der »Urstück«-Herstellung wieder sinnvoll belebt.

Natürlich haben Plastiken, die zu Lebzeiten des Künstlers entstanden, den Anspruch, dass sie so und nicht anders von ihm akzeptiert worden sind, vorausgesetzt, dass er die Zeit hatte, seine Figuren prüfend in Augenschein zu nehmen. Aber was geschah, wenn er z.B. nicht einverstanden war, aber fünf Figuren bereits gefertigt wurden? Hat man tatsächlich diese Figuren vernichtet? Sicherlich nicht! Wie groß war der Toleranzbereich, der Spielraum der variablen Gestaltung, den die Künstler im 18. Jahrhundert den Modelleuren, Formenherstellern und Bossierern zustanden?

In kunsthistorischer Hinsicht ist das Dokumentieren einer künstlerischen Gestaltung in einem bestimmten bzw. relativ begrenzten Zeitraum wichtig und notwendig, wobei jedoch bei der Porzellanplastik selten mit Sicherheit gesagt werden kann, ob es die erste, die fünfte, die zehnte oder die fünfzigste Ausformung ist, die im konkreten Fall vorliegt. Kaum jemand kann exakt nachweisen, dass diese oder jene Ausformung die einzig verbindliche ist, denn aus den beschriebenen

Fertigungsabläufen wird ersichtlich, wie viele Faktoren zu völlig legitimen Veränderungen führen können. Der Prozess des notwendigen »Aufreparierens« schließt Veränderungen ein.

Die heutige Wiederherstellung von Modellen (in Modellierton) bzw. Modellformen für Plastiken des 18. Jahrhunderts verlangt von den Modelleuren eine äußerst verantwortungsbewusste Einstellung gegenüber dem klassischen Erbe, verbunden mit einem künstlerisch-handwerklichen Können, das höchsten Ansprüchen gerecht wird. Die Modelleure müssen sich anhand zahlloser variierender Ausformungen für diejenige entscheiden, die den »Geist der Zeit« und den »Genius des Künstlers« beinhaltet. Dieser Problemkreis ist der komplizierteste und sensibelste Dreh- und Angelpunkt allen Reproduzierens. Dieser Prozess kann nur als ständige Annäherung begriffen werden, basierend auf dem Studium der Akten, der alten Modellformen und aller bekannten Ausformungen.

Dennoch sollte man sich von der Vorstellung trennen, dass die Porzellanplastik ein originäres Kunstwerk ist. Kann man dies akzeptieren, wird sich der Schwerpunkt der Wertung zugunsten der ästhetischen Wahrnehmung des geistig-emotionalen Gehalts der Plastik – realisiert in der jeweils historisch-konkreten Reproduktion – verschieben. Reproduktionen innerhalb der verschiedenen Zeitepochen können somit unter dem Aspekt des Vergleichens aller bekannten Reproduktionen einer Figur bzw. Figurengruppe oder auch hinsichtlich des dargestellten künstlerischen Inhalts bewertet werden, wobei letzterer Gesichtspunkt die Leitidee der vorliegenden Publikation für den Autor sein soll.

Künstler und ihre Werke

Als der junge Dresdener Bildhauer Johann Joachim Kaendler (1706–1775) im Juni 1731 auf Befehl des Kurfürst-Königs an die Meissener Manufaktur kam, sollte er vor allem die Arbeiten an den großen barocken Tierplastiken weiterführen. In den ersten fünf Jahren seiner Tätigkeit als Modellmeister schuf er zunächst fast ausschließlich große und kleinere Tierplastiken für das »Japanische Palais« in Dresden. Gegen Mitte der dreißiger Jahre setzte die rasche Entwicklung zur Porzellankleinplastik ein, und die in ihrer Feinteiligkeit immer prächtiger werdende, gleichzeitig immer freier variierte Farbigkeit der Kleinplastiken wurde ein zusätzlich belebendes Element dieser Kunstform.

Kaendlers Vater, als Dorfpfarrer tätig, hatte seinen Sohn frühzeitig mit der Literatur, der Mythologie und den Kunstwerken des Altertums bekannt gemacht. 1733, nach dem Weggang von Johann Gottlieb Kirchner, wurde Kaendler Modellmeister, 1740 Leiter der plastischen Formgestaltung, 1741 Arkanist (Geheimnisträger) und 1749 Hofkommissar. Seinem Können verdanken wir die maßstabsetzenden Plastiken des europäischen Porzellans im 18. Jahrhundert.

Johann Joachim Kaendlers prägendes Lebensumfeld war nicht das unmittelbare höfische Milieu, denn er lebte seit 1731 ständig in Meißen und konnte somit seine Anschauungen eigentlich nur über vorhandene bildhafte Darstellungen erhalten. Direkt Gesehenes und Erlebtes in Dresden (und teilweise in Paris) mischte sich mit Nachempfundenem, wobei auch Gemälde, Kupferstiche, Radierungen usw. die Folie für seine individuellen plastischen Gestaltfindungen darstellten.

Eine sicherlich wichtige Quelle der Inspiration für Maler wie Plastiker waren die in der Manufaktur vorhandenen grafischen Vorlagen nach Jean-Baptiste Pater (1695–1736), Jean-Jacques Filipart (1719–1782), Jean Audran (1667–1756), Johann Elias Ridinger (1698–1767), Nicolas Henri Tardieu (1674–1749), Antoine Aveline (1691–1743), François Boucher (1703–1770), Nicolas Lancret (1690–1743) und Jean Antoine Watteau (1684–1721), wobei besonders die charakteristische Bildwelt Watteaus auch die plastischen Porzellangestaltungen beeinflusste und prägte. Die Gemälde Watteaus »Die gesellige Unterhaltung im Freien« (um 1720) und »Das Liebesfest« (um 1717) waren in den vierziger Jahren für Kurfürst Friedrich August II. von Sachsen erworben worden und im Dresdener Kupferstichkabinett befanden sich bis 1743 bereits 343 Kupferstiche nach Antoine Watteau. Nachweislich kaufte die Manufaktur im Jahre 1741 verschiedene Stiche nach Gemälden von Watteau und Lancret an.[1]

Ein Frühstücksservice mit Szenen nach Watteau entstand bereits im Jahre 1738 anlässlich der so genannten Sizilianischen Hochzeit. »Es ist mit dem Allianzwappen von Neapel/Sizilien und Sachsen/Polen sowie mit kupferoxidgrünen Watteauszenen zwischen goldenen Bordüren bemalt. Es wurde nicht zur Hochzeitstafel benutzt, sondern ging wohl 1745 als Nachlieferung zu einer 1738/39 erfolgten Geschenksendung von 17 Futteralen mit jeweils einem anders bemalten Frühstücksservice an Elisabeth Farnese, Königin von Spanien von 1732 bis 1756 und Mutter Karls III. Ein ähnlich bemaltes Service in der Dresdener Porzellansammlung ist wohl auf die Spezifikation noch zu liefernder Arbeiten vom 17. April 1738 zu beziehen. Es wird als ›Service mit goldenen Rändgen und Watteauischen Figuren emaill‹ bezeichnet … In dem Aktennachweis ist die Meißner Watteau-Malerei das erste Mal erwähnt.«[2]

Ingelore Menzhausen verweist darauf, dass »Kändler … das Vorbild Watteaus in seinen Arbeitsberichten oder in den ›Taxa‹ viermal (erwähnt). Am deutlichsten ist es in der Gestalt seines ›Tänzers‹: ›Einen nach Wattauischen Kupffer Stich gefertigter Tänzer mit einer Feder auf dem Huth, auf der rechten Achßel hat er ein Mäntelgen hangen.‹ Er modellierte ihn 1738 in Feierabendarbeit und hatte Watteaus schon damals berühmtes Bild ›L'indifférent‹ vor Augen. Watteaus elegante, sitzende Polin ist verwandelt erkennbar in Kändlers Gruppe ›Der polnische Handkuß‹, und die Jägerin mit Gewehr unter einem Baum sitzend beflügelte Kändlers Phantasie zu einer seiner schönsten Kompositionen, der ›Jagdgruppe‹. Vielleicht sah Kändler die Kupferstiche nach Watteaus Bildern einer Familie oder der Heiligen Familie, die verborgen sein können in seiner ›glücklichen Familie‹. Hinter der tanzenden Tirolerin und der tanzenden Colombine ahnt man zwei Figuren einer Radierung Watteaus, ›Les habits sont Italiens‹, und der häßliche dickbäuchige Pulcinell findet sich ebenso wie der Harlekin ›ein sehr tieff Compliment machend‹ unter den Komödianten eines Kupferstichs nach dem verlorenen Gemälde von Watteau ›Départ des comédiens italiens‹. Natürlich nahm Kändler seine Anregung zu Pilger und Pilgerin aus Watteaus ›L'Embarquement pour Cythère‹, und auch Watteaus Pierrot oder Gilles erhielt durch ihn Gestalt in Porzellan. Für die meisten von Kändlers lautespielenden und singenden Paaren werden sich Inspirationen durch Watteau ermitteln lassen. Jedoch ist es für Kändlers Arbeitsweise charakteristisch, daß das Vorbild nur Anstoß blieb zu einer neuen künstlerischen Idee. Er kopierte nicht. Porzellanfiguren wurden früher insgesamt ›Watteauische Figuren‹ genannt, und nichts zeigte deutlicher, wie sehr man ihre Welt mit der Watteaus identifizierte.« [3]

Tatsächlich kann man feststellen, dass ein Großteil der Kaendler'schen Figuren wie plastische Versionen der Watteau'schen Bilder anmuten, dabei ist unerheblich, ob Kaendler kopierte oder »neue künstlerische Ideen« gestaltete, viel interessanter ist die Frage nach dem Wesen der Bilder Watteaus, die Ausdruck einer ganz bestimmten Weltsicht sind. Weshalb waren gerade die Bilder Watteaus für den etwa dreißigjährigen Porzellangestalter Kaendler so anregend, obwohl dessen Bilder doch »nur« zu den »petit genres« zählten? War der Modellmeister Kaendler innerhalb der Bildhauerhierarchie nicht selbst »nur« ein Meister des »kleinen Genres«, ein Gestalter von nur beiläufigen, dekorativen Nebensächlichkeiten innerhalb der galanten Festlichkeiten?

»In der Gunst des progressiven Kunstpublikums tritt das galante Gesellschaftsbild Watteaus an die Stelle des religiösen und historischen Zeremonienbildes, und der Geschmackswandel der Jahrhundertwende drückt sich wohl in diesem Übergang von Le Brun zu dem Meister der ›fêtes galantes‹ am deutlichsten aus ... Watteau malte das Leben einer Gesellschaft, in die er nur von außen hineinblicken konnte, stellte ein Lebensideal dar, das sich mit seinen eigenen Lebenszielen offenbar nur äußerlich berührte, gestaltete eine Utopie der Freiheit, die seiner subjektiven Freiheitsidee nur analog entsprochen haben mag, er schuf aber diese Vision aus den Elementen seiner unmittelbaren Erlebnisse, aus Skizzen nach den Bäumen des Luxembourg [gemeint ist der ›Jardin du Luxembourg‹], nach Theaterszenen, die er täglich sehen konnte und sicher auch sah, und nach Charaktertypen seiner eigenen, wenn auch zauberhaft verkleideten Gegenwart ... Er malt in allem die verborgene Tragik einer Gesellschaft, die an der restlosen Erfüllbarkeit ihrer Wünsche zugrunde geht. Es ist aber noch keineswegs das rousseauische Gefühl, keineswegs die Sehnsucht nach dem Naturzustand, sondern im Gegenteil ein Verlangen nach der vollendeten Kultur, der ungestörten, ungefährdeten Lebensfreude, das hier zum Ausdruck kommt. Watteau entdeckt in der ›fête galante‹, dem festlichen Beisammensein von Liebespaaren und Liebesgesellschaften, die adäquate Form zu seinem neuen Lebensgefühl, das sich aus Weltlust und Weltschmerz, aus Freude und Überdruß an der Gegenwart zusammensetzt ... So wie aber das Kostüm, das Watteaus Figuren trugen, erst nach dem Tode des Meisters zur Mode wurde, fand auch das Genre der ›fête galante‹ erst im späteren Rokoko ein breiteres Publikum. Lancret, Pater und Boucher genießen die Früchte der Erfindung, die sie selber nur trivialisieren. Watteau selbst blieb zeitlebens der Maler eines verhältnismäßig kleinen Kreises: die Sammler Julienne und Crozat, der Archäologe und Kunstfreund Graf Caylus, der Kunsthändler Gersaint waren die einzigen wirklich treuen Anhänger seiner Kunst. Die zeitgenössische Kunstkritik erwähnte ihn selten und dann meist nur tadelnd. Auch Diderot verkannte seine Bedeutung und stellte ihn hinter Teniers. Die Akademie machte ihm allerdings keine Schwierigkeiten, wenn sie auch gegenüber einer Kunst wie der seinigen an der herkömmlichen Hierarchie der Gattungen festhielt und bei ihrer Geringschätzung der ›petit genres‹ blieb ...« [4]

Galten Kostbarkeit und Eleganz, der spielerische und kapriziöse Reiz der Dinge, virtuos, pikant, delikat und nervös vorgetragen, vermischt mit Zartheit und Innigkeit, als Merkmale der Rokokokunst, perfekt und kreativ von Johann Joachim Kaendler, Johann Friedrich Eberlein (1695–1749), Peter Reinicke (1711/12–1768), Johann Gottlieb Ehder (1716/17–1758), Friedrich Elias Meyer (1724–1785), Carl Christoph Punct (?–1765) und Johann Carl Schönheit (1730–1805) im Meissener Figurenporzellan zur Gestaltung gebracht, so veränderte die neue Gesellschaftskultur des sich emanzipierenden Bürgertums mit ihrem idealisierten »antiquen Klassizismus« nach und nach auch die Porzellankunst, wobei vor allem die Integration des Prozellans in der höfischen Festkultur verloren ging und damit auch das Spielerische, Naive des Porzellans.

Erst zu Ende des 19. Jahrhunderts wurde dieses Leichte, Flüchtige und Spielerische der frühen Porzellanplastiken wieder als ästhetisch-künstlerischer Wert anerkannt und artikuliert. Otto von Falcke schrieb dazu: »Die Kunstwissenschaft aber hat sie erst spät und zögernd als ernste und vollwertige Werke der Bildnerei gelten lassen. Solange die strenge Schönheitslehre des Klassizismus galt und noch nachwirkte, haben die Meister der Rokokofigürchen in der Kunstgeschichte keinen Platz gefunden, und die Museen haben – nicht nur in Deutschland – in der überlieferten Ästhetik befangen, leider zumeist die Zeit versäumt, als die jetzt begehrtesten Prozellangruppen für ihre Mittel noch leicht erreichbar waren. Man muß offen anerkennen, daß nicht die Kunstforscher, sondern die Sammler auf diesem Gebiet, wie übrigens auch auf manchen anderen, als die weitblickenden Wegweiser vorangegangen sind. Sie haben nicht bloß aufgesucht und bewahrt, was ihnen am wertvollsten erschien, sondern auch die wissenschaftliche Forschung angeregt und ihr vorgearbeitet. Aus dem Sammlerkreis heraus hat zuerst Georg Hirth für die Würdigung der Porzellanfiguren als plastische Meisterwerke die Stimme erhoben und für die kunstgeschichtliche Anerkennung der lang verkannten Kunstgattung geworben. Sein Ruf blieb nicht ungehört; nach dem Vorgang des im Jahr 1898 erschienenen Katalogs der Sammlung Hirth kam die Porzellanforschung, belebt und angetrieben durch den wachsenden Sammeleifer der Museen und Kunstfreunde, in rascheren Fluß, und sie bemühte sich nun vor allem die Künstler ausfindig zu machen und würdigen zu lernen, denen wir die besten Werke der keramischen Plastik verdanken.«[5]

Diese damals aktuelle und besondere Wertschätzung der höfischen Porzellankunst ist wohl auch dem historischen Umstand geschuldet, dass Deutschland noch Kaiserreich war und die höfische Kultur und Kunst des 18. Jahrhunderts einen entsprechenden Stellenwert besaß.

Die Kleinplastik aus Porzellan, nun vorrangig als Einzelplastik von Interesse, erhielt bereits gegen Ende des 18. Jahrhunderts zunehmend auch eine bildende, erzieherische und mitunter auch moralisierende Funktion, gemäß dem Wertesystem der bürgerlichen Gesellschaftsklasse.

Zunächst gewann man den jungen Bildhauer Michel Victor Acier (1736 – 1799) aus Paris, um dem modern gewordenen »goût à la grècque« und dem Stil Louis XVI. auch im Meissener Porzellan Ausdruck zu verleihen. Acier wirkte von 1765 bis 1780 unter dem Direktorat von Camillo Graf von Marcolini an der Meissener Manufaktur. Gemeinsam mit Johann Joachim Kaendler arbeitete er von 1772 bis 1775 an der so genannten Großen Russischen Bestellung, einem Tafelaufsatz von insgesamt 40 Gruppen und Einzelfiguren für die russische Zarin Katharina II. Hinsichtlich der Arbeitsteilung zwischen Kaendler und Acier heißt es: »Jede Bestellung mußte Johann David Elsasser in das hierfür bestimmte Buch eintragen und Kaendler davon unterrichten; letzterer konnte sich nun von den neu zu fertigenden Arbeiten die eine Hälfte auswählen; die andere mußte Acier überlassen bleiben. War das Modell fertig, so wurde es durch Elsasser den Formern und ›Bossierern in Masse‹ übergeben, wobei Kaendler oder Acier die Aufsicht zu führen hatte, je nachdem das Modell von dem einen oder anderen herrührte.«[6]

Aciers Figurengestaltungen unterschieden sich mehr und mehr von denen Kaendlers, nicht nur formal, sondern auch inhaltlich. Sie haben meist einen exakten, streng konstruierten skulpturalen Aufbau, sie sind perfekt durchgearbeitet, ohne flüchtige Momente, alles ist äußerst sachlich und gewissenhaft plastisch durchgestaltet. Manche seiner Arbeiten bringen bereits die neuen bürgerlichen Ideale und Lebensvorstellungen jener Zeit nach Bildung, vernünftigem Handeln, nach moralisch sauberem Familienleben, liebevollen Beziehungen zwischen den Ehepartnern oder Eltern und Kindern in hervorragender bildkünstlerisch gestalteter Art und Weise zum Ausdruck.

In einem Brief vom 1. März 1775 schrieb Acier: »... seit nahezu 11 Jahren ungefähr 200 Gruppen und Figuren, ausgearbeitet und geformt ..., von denen die Formen vorhanden sind ...«[7]

Die teilweise noch anzutreffende negative Wertung der Acier'schen Figurenwelt lässt zumeist die neuartigen gesellschaftlich orientierten geistigen Inhalte außer Betracht; insofern ist die Zeit reif, eine neue Wertung dieses Œuvres anzustreben.

Der 1730 in Meißen geborene Johann Carl Schönheit kam bereits 1741 als Formerlehrling an die Manufaktur und arbeitete bis 1765 im Wesentlichen unter der Leitung Johann Joachim Kaendlers, danach war er bis 1780 vorwiegend Aciers Mitarbeiter und entwickelte nach der Pensionierung von Acier ab 1780 auch eigenständige Plastiken. Bis zum Jahresende 1794 war Schönheit als Porzellangestalter tätig, er starb im Jahre 1805.[8]

Johann Gottlob Matthäi wurde 1753 in Meißen geboren und von April 1768 bis August 1773 als Malerlehrling, danach als Former und Modellierer tätig. Am 11. Mai 1776 floh er mit einigen Mitarbeitern nach Kopenhagen, kam aber im gleichen Jahr nach Meißen zurück. Ab 1777 wurde ihm gestattet, seinen ständigen Aufenthalt in Dresden zu nehmen, um vor allem in der Dresdener Antikensammlung diverse Anregungen zu empfangen, sodass mehr oder weniger getreue Nachbildungen antiker Vorlagen von diesem Künstler geschaffen wurden. Seit 1795 stand er als Inspektor der Mengs'schen Gipsabgusssammlung vor.

Christian Gottfried Jüchtzer (1752–1812), seit 1768 an der Manufaktur, wurde ab Juli 1794 Modellmeister und war bis 1812 als Obergestaltungsvorsteher (d. h. Vorsteher der Bossierer und des Formercorps) tätig. Von Juni 1796 an wurde es Jüchtzer erlaubt, die Sommermonate in Dresden zu verbringen, um in der Mengs'schen Sammlung entsprechende Modellentwürfe zu konzipieren. Die meisten seiner plastischen Arbeiten haben dort ihren Ursprung.

Noch während der Amtszeit von Jüchtzer wurde Johann Gottfried Dreßler (1764–1836) am 1. August 1797 zum Vorsteher der gesamten Gestaltungsbranche berufen. Nach dem Tode Jüchtzers besetzte man dessen Amt nicht wieder, Dreßler blieb bis 1836 Gestaltungsvorsteher.

Von den übrigen Bildhauern bzw. Porzellanplastikern der damaligen Zeit ragen Johann Daniel Schöne (1767–1843) und Andreas Franz Weger (1767–1845/46) hervor. Johann Daniel Schöne war seit 1783 an der Manufaktur angestellt und hatte es nach dem Zeugnis Jüchtzers »durch seinen unermüdeten Fleiß dahin gebracht, alle vorkommende Modellarbeit zu verfertigen«, d.h., die Arbeiten Jüchtzers wurden von ihm modellmäßig eingerichtet.

Andreas Weger war im Jahre 1802 im Alter von 35 Jahren an die Manufaktur gekommen, er gilt als Spezialist vieler Porträtdarstellungen.

Mit diesen genannten Namen vollendete sich im Wesentlichen die klassizistische Periode im Meissener Porzellanschaffen, wobei unzählige Nachbildungen bzw. Verkleinerungen antiker Vorlagen im Porzellan entstanden, für die die Mengs'sche Gipsabgusssammlung seit 1784 entsprechende Anhalte bot.

Aus der nachklassizistischen Periode seien zumindest die Arbeiten nach Christian Daniel Rauch (1777 – 1857) »Goethe« (Form-Nr.: S 84, Modelljahr: 1828), »Schiller« (Form-Nr.: S 95, Modelljahr: 1831), die Büste »Danaide« (Form-Nr.: Y 20, Modelljahr: 1847) und die Statue »Albrecht Dürer« vom Denkmal in Nürnberg (Form-Nr.: D 148, Modelljahr: 1859) genannt.

Aus der Biedermeierzeit sind besonders die Tänzerinnen-Figuren nach Jean-Auguste Barre (1811 – 1896) »Fanny Elßler« (Form-Nr.: V 60, Modelljahr: nach 1836) und »Maria Taglioni« (Form-Nr.: V 62, Modelljahr: nach 1836) erwähnenswert.

In der zweiten Hälfte des 19. Jahrhunderts kam es zu einer vehementen Wiederbelebung vor allem der Formen des Rokoko, aber auch Neorenaissance und Neogotik fanden entsprechende Ausprägungen in der Meissener Figurenplastik.

Von 1849 bis 1886 beeinflusste der Rietschel-Schüler und Porzellangestalter Ernst August Leuteritz (1818 – 1893) maßgeblich die Gestaltgebung des Meissener Porzellans, sowohl in den Gebrauchsformen als auch im plastischen Bereich. Leuteritz besuchte die Zeichenschule der Manufaktur, erlernte den Beruf des Bossieres und studierte ab 1838 an der Dresdener Kunstakademie unter Ernst Rietschel (1804 – 1861). 1849 wurde Leuteritz Gestaltungsvorsteher mit entsprechenden Einflussmöglichkeiten. Einige seiner charakteristischen Figurengestaltungen seien hier ausschnitthaft benannt: »Jäger mit Hund« (Form-Nr.: X 8 a und X 8 b, Modelljahr: 1844), »Weibliche Figur« (Form-Nr.: Y 6, Modelljahr: 1844), »Fischerknabe« (Form-Nr.: Y 95, Modelljahr: 1849), »Schäferin mit Laute« (Form-Nr.: Z 81, Modelljahr: 1850), »Schäfer mit Flöte« (Form-Nr.: Z 82, Modelljahr: 1850), »Herr mit Hund« (Form-Nr.: Z 97, Modelljahr: um 1850), »Bergschotte« (Form-Nr.: A 156, Modelljahr: um 1853), »Schottin« (Form-Nr.: A 177, Modelljahr: 1853), »Bergmann, Flöte spielend« (Form-Nr.: B 197, Modelljahr: 1855), »Bergmann als Rutengänger« (Form-Nr.: C 157, Modelljahr: 1857), »Sandalenbinder« (Form-Nr.: E 115, Modelljahr: 1861), »Amor und Psyche« (Form-Nr.: F 153, Modelljahr: 1863), »Satyrgruppe« (Form-Nr.: G 119, Modelljahr: 1865), »Schäfer mit Hund« (Form-Nr.: G 160, Modelljahr: 1866), »Großmutters Geburtstag« (Form-Nr.: M 184, Modelljahr: 1882), »Großvater und Enkel« (Form-Nr.: M 192, Modelljahr: 1882), »Herr mit Hund« (Form-Nr.: N 102, Modelljahr: 1882), »Mädchen mit Ziege« (Form-Nr.: N 101, Modelljahr: 1882), »Brautpaar« (Form-Nr.: N 104, Modelljahr: 1882), »Tanzpaar« (Form-Nr.: N 118, Modelljahr: 1882), »Bacchusgruppe« (Form-Nr.: C 35 c, Modelljahr: 1870), »Kindergruppe« (Form-Nr.: N 171, Modelljahr: 1884). Insgesamt hat Leuteritz etwa 230 Form-Nr.-Eintragungen, wobei ein Großteil allerdings Gefäßformen betrifft.

Da offensichtlich in der zweiten Hälfte des 19. Jahrhunderts keine herausragenden bzw. namhaften künstlerischen Persönlichkeiten in der Manufaktur tätig waren, griff man seitens der Administration bzw. der Manufaktur auf Künstler zurück, die als akademische Bildhauer bereits Rang und Namen hatten und gewillt waren, entsprechende Figurenmodelle der Manufaktur für Ausformungen zur Verfügung zu stellen, wobei es sich um Verkleinerungen bereits vorhandener Werke oder um

Großmutters Geburtstag
Form-Nr.: M 184 (alt), Modelljahr: 1882
Künstler: Ernst August Leuteritz
Staffage: weiß, undekoriert
Objektdatierung: ca. 1885
Inventarnummer: 6059
Höhe: 22,0 cm
Herkunft: Schauhalle

Neuentwicklungen handelte. Bevorzugt traten Bildhauer in Erscheinung, die in Dresden, München und Berlin an den Akademien tätig waren. Die Ursachen für diese Entwicklung stehen in Verbindung mit der Londoner Weltausstellung von 1851. »Als Reaktion auf die Kritik der Künstler am Meißener Rokoko vor und während der ersten Londoner Weltausstellung [1851] wird im Verlaufe des Sommers 1851 der Akademische Rat gegründet ... Über die Kritik der Künstler und Kunstakademien am Meißener Rokoko ... erfahren wir durch einen ... Bericht, den der Gestaltungsvorsteher der Manufaktur Ernst August Leuteritz an die Administration seines Unternehmens geschrieben hat. In diesem Brief bittet er die Leitung der Manufaktur trotz des sensationellen Verkaufserfolges mit Rokokoporzellanen, diese bei künftigen Kunst- und Gewerbeausstellungen nicht zu präsentieren, da dieser Stil den Künstlern, Kunstanstalten und Akademien verhaßt sei und ihre Kritik dem Ansehen der Meißener Manufaktur erheblich schade. Stattdessen schlägt er vor, ausschließlich Porzellane in ›einem edlen, reinen und von Künstlern geachteten Style zu schicken und dadurch den Verdacht von uns abzuwenden, als wäre an unserer Anstalt gar kein Sinn für Schönheit und Fortschritt vorhanden‹ ... Auch Direktor Kühn berichtet in seinen Jahresjournalen mehrmals über die Verachtung, die dem Meißener Rokokostil von Dresdener Künstlern und von der Dresdener Akademie entgegengebracht werde. Die Ablehnung sei so vehement, daß er Dresdener Künstler nicht zu Entwürfen von Rokokoporzellanen habe bewegen können ... Mit der Gründung des Akademischen Rates entsteht für die Manufaktur ein künstlerischer Beirat, der sich nach Beschluß des Finanzministeriums aus drei Vertretern der Dresdener Akademie und drei Vertretern der Manufaktur zusammensetzen soll, nämlich aus dem Manufakturdirektor und den beiden Leitern für Gestaltung und Malerei in Meißen. Als Akademievertreter erscheinen 1851 Prof. Eduard Bendemann, Prof. Julius Hübner und Prof. Hermann Nicolai. Schon Ende 1852 jedoch verlassen Prof. Hübner und Prof. Nicolai den künstlerischen Beirat und werden durch Julius Schnorr v. Carolsfeld und Prof. Ernst Rietschel ersetzt. Jeden Monat sollen die Vertreter beider Richtungen in Meißen zusammentreten und über künstlerische Fragen beraten ... Der Akademische Rat beginnt seine Tätigkeit am 7. Juni 1851 ... Interessant erscheint, daß Meißen auf die Kritik der Künstler und Akademien so reagiert wie auch andere repräsentative Staatsmanufakturen reagiert haben. Denn auch Sèvres und die Königliche Porzellan Manufaktur Berlin (KPM) berufen 1848 und 1850 Akademische Beiräte und setzten diese als künstlerische Beratungsorgane ein ... Hervorzuheben ist ..., daß die Meißener Manufaktur nicht mehr ausschließlich mit Dresdener Akademiekünstlern in Verbindung steht, sondern auch mit Künstlern anderer Akdamien und Kunstgewerbeschulen für die Weltausstellungen 1867 bis 1893 zusammenarbeitet. Die Zusammenarbeit mit diesen Künstlern erfolgt jedoch nicht mehr in einem festen institutionellen Rahmen ...«[9]

Zwei Kinder, Schwäne fütternd
Form-Nr.: N 171 (alt), Modelljahr: 1884
Künstler: Ernst August Leuteritz
Staffage: weiß, undekoriert
Objektdatierung: ca. 1885
Inventarnummer: 7077
Höhe: 23,5 cm
Herkunft: Schauhalle

Die zu ihrer Zeit überaus namhaften Bildhauer, von denen Plastiken in der Meissener Manufaktur nachweisbar sind, werden hier in alphabetischer Folge und wertungsfrei genannt.

Von Carl Fischer (1838–1891), der seine Bildhauerausbildung in Hannover und München erhielt und von dem sich zahlreiche Arbeiten im süddeutschen Raum befinden, wurden seine bekannten fünf musizierenden Amoretten im Jahre 1892 in Porzellan ausgeformt (Form-Nr.: O 191 bis O 195).

Von Heinrich Göschel (1839–1896), einem Schüler von Max von Widnmann in München, erwarb die Manufaktur 1876 drei Kostümfiguren (Form-Nr.: K 162, K 163, M 183) und 1883 weitere zwei Kostümfiguren (Form-Nr.: M 185, M 186).

Ernst Julius Hähnel (1811–1891) studierte zunächst Architektur in Dresden, danach an der Münchener Akademie. Durch die Bekanntschaft mit Rietschel und Schwanthaler kam er zur Bildhauerei. Er war befreundet mit Thorvaldsen, Semper, Schwind, Genelli und gilt mit Rietschel als der Begründer der Dresdener Bildhauerschule der sechziger und siebziger Jahre. Für die Meissener Manufaktur entstanden zwischen 1878 und 1884 insgesamt 39 plastische Arbeiten, vorwiegend Verkleinerungen oder Modifizierungen seiner bereits vorhandenen Werke.

Von Ernst Herter (1846–1917), seit 1885 Mitglied der Berliner Akademie und seit 1895 Leiter des Bildhaueraktsaales an der Hochschule für bildende Künste in Berlin, ist eine Figurengruppe »Nixenfang« (Form-Nr.: Q 195) aus dem Jahre 1897 nachweisbar, die vermutlich mit seinen Figuren »Nixen und Tritonen« von der Heydtbrücke in Berlin in Verbindung steht.

Johann Christian Hirt (1836–1897), der seine Ausbildung ab 1855 bei Max von Widnmann in München erhielt, schuf zahlreiche Arbeiten für die Schlösser Linderhof und Herrenchiemsee. Populär wurde er durch seine Darstellungen aus der deutschen Sagen- und Dichterwelt sowie der griechischen Mythologie, die er teilweise als Kleinplastiken in Bronze und Silberguss ausführte. Für die Meissener Manufaktur entstanden zwischen 1881 und 1888 insgesamt 50 Arbeiten, u.a. auch Tafelaufsätze, Uhrgehäuse und Leuchter.

Von Heinrich Rudolph Hölbe (1848–1926), der seine Ausbildung an den Kunstakademien in Leipzig und Dresden – von 1871 bis 1883 bei Johannes Schilling – erhielt, gibt es sechs plastische Arbeiten in Meissener Porzellan, die zwischen 1885 und 1899 entstanden sind (Form-Nr.: N 195, N 196, Q 196, R 163, R 165, R 166).

Herrmann Hultzsch (1837–1905) kam 1851 an die Dresdener Akademie, wurde 1854 Atelierschüler bei Ernst Rietschel, bei dem er bis zu dessen Tode im Jahre 1861 verblieb. Er war befreundet mit Friedrich Preller d.J. und arbeitete vorwiegend im sächsischen Raum, so schuf er z.B. für das neue Hoftheater in Dresden die Figurengruppen »Jason und Medea« sowie »Eros und Psyche«. Acht Marmorreliefs entstanden für das Mausoleum des 1861 verstorbenen Prinzgemahls Albert im Park von Windsor. Zwischen 1876 und 1882 lieferte er fünf Arbeiten für die Meissener Manufaktur (Form-Nr.: J 181, M 167, M 168, M 176, M 180).

Von dem vorwiegend in München tätigen Bildhauer Joseph von Kramer (1841–1908) existieren fünf Arbeiten in Meissener Porzellan (Form-Nr.: T 102, T 186, U 163, U 180, U 181), die zwischen 1902 und 1906 entstanden.

Von dem französischen Tierbildner Pierre Jules Mène (1810–1879) stammt die Porzellanfassung der Gruppe »Leopard mit Krokodil« (Form-Nr.: B 113) aus dem Jahre 1853.

Robert Ockelmann (1849–1915) aus Hamburg erhielt seine Bildhauerausbildung sowohl bei Eduard August Lürssen in Berlin als auch bei Johannes Schilling in Dresden. Für die Meissener Manufaktur entstanden zwischen 1883 und 1898 fünf Plastiken (Form-Nr.: M 193, M 198, Q 172, Q 173, Q 187).

Der ebenfalls aus Hamburg stammende Bildhauer Friedrich Offermann (1859–1913) studierte von 1881 bis 1886 bei Ernst Julius Hähnel in Dresden und war vorwiegend im sächsischen Raum wirksam. Zwischen 1890 und 1898 entstanden vier Figuren für die Manufaktur (Form-Nr.: O 153, O 180, Q 170, R 124) und 1909 einige plastisch gestaltete Gefäßformen mit Bezug auf die Welt der Meerestiere.

Friedrich Rentsch (1836–1899) studierte an der Dresdener Kunstakademie, hatte Zeichenunterricht bei Julius Hübner und Carl Gottlieb Peschel und war Meisterschüler bei Ernst Julius Hähnel. Viele seiner Plastiken fanden in bzw. an öffentlichen Gebäuden in Dresden Aufstellung, wie z.B. im Opernhaus, an der Markthalle und an der Technischen Universität. Für die Manufaktur entstanden »Bacchus auf Panther« (Form-Nr.: M 196, Modelljahr: 1883), »Walküre« (Form-Nr.: M 194, Modelljahr: 1884) und »Flora« (Form-Nr.: N 193, Modelljahr: 1885).

Von Karl Röder (1854–1922), einem Hähnel-Schüler der Dresdener Akademie, stammt die Figurengruppe »Sterbender Krieger« (Form-Nr.: N 140, Modelljahr: 1884).

Johannes Schilling (1828–1910) studierte sowohl in Dresden bei Ernst Rietschel und Ernst Julius Hähnel als auch in Berlin bei Johann Friedrich Drake. Als Professor an der Dresdener Kunstakademie (seit 1868) setzte er die Traditionen von Christian Daniel Rauch fort. Die 1863 bis 1868 geschaffenen vier Sandsteingruppen »Vier Tageszeiten« an der Brühlschen Terrasse in Dresden (seit 1908 durch Bronzegüsse ersetzt) wurden 1870 als Verkleinerungen in Meissener Porzellan gefertigt (Form-Nr.: J 186 [Der Mittag], J 187 [Der Morgen], H 191 [Die Nacht], H 195 [Der Abend]).

Walter Schott (1861–1938), vorwiegend in Berlin wirkender Bildhauer, genehmigte 1898 die verkleinerte Ausformung seiner berühmten Plastik »Kugelspielerin« in Meissener Porzellan (Form-Nr.: Q 180). 1902 gelangte das Modell der Plastik »Erblüht« (Form-Nr.: T 68) an die Manufaktur.

Von dem Berliner Bildhauer Robert Schirmer (1850–1923), dessen Plastiken viele Gebäude Berlins schmücken (Deutsches Opernhaus, Künstlerhaus, Staatsbibliothek, Weinhaus Kempinski, Trianontheater), stammt die Kleinplastik »Dame mit Schirm« (Form-Nr.: Q 128, Modelljahr: 1897).

August Theodor Marquardt Schreitmüller (1871–1958), Bildhauerstudium in München und bei Robert Diez in Dresden, war mit zahlreichen Bauplastiken in Dresden vertreten. In Meissener Porzellan existiert die Figurengruppe »Mutter, ihr Kind laufen lehrend« (Form-Nr.: R 169, Modelljahr: 1899).

Sein Vater war der Bildhauer Johannes Daniel Schreitmüller (1842–1885), der als Lehrer an der Dresdener Kunstgewerbeschule tätig war und von dem ebenfalls einige plastische Arbeiten aus dem Zeitraum von 1877 bis 1885 existieren (Form-Nr.: K 190, L 192, L 193, N 164, N 165).

Von Heinrich Schwabe (1847–1924), der an der Nürnberger Kunstgewerbeschule studierte und von 1875 bis 1907 Lehrer an dieser Schule war, gibt es insgesamt 48 kleinplastische Arbeiten in der Manufaktur, wobei die 26 kleinen Amoretten als »Humoristischer Amorettenkranz« (Form-Nr.: L 101 bis L 126) aus den Jahren 1877 bis 1880 am bekanntesten sind.

Von Ludwig Schwanthaler (1802–1848), dem Hauptmeister der klassizistischen Plastik in Süddeutschland, oder von Rudolf Schwanthaler (1842–1879), der an der Münchener Akademie studierte und später bei Ernst Rietschel in Dresden arbeitete, sind die beiden Figuren »Lorelei« (Form-Nr.: N 109) und »Omphale« (Form-Nr.: N 108) aus dem Jahre 1882.

Von Hugo Spieler (1854–1922), Ausbildung an der Kunstgewerbeschule und Akademie in München, tätig als Professor an der Dresdener Kunstgewerbeschule, existiert eine Serie von 24 Volkstrachtenfiguren aus den Jahren 1896 bis 1899 (Form-Nr.: Q 190 a – Q 190 y). Weitere Figuren, Uhrgehäuse und Leuchter entstanden zwischen 1892 und 1900 (Form-Nr.: O 197, P 123, P 124, S 111).

Jakob Ungerer (1840–1920), Bildhauerausbildung an der Münchener Akademie, schuf die beiden Meissener Kleinplastiken »Dame mit Katze« (Form-Nr.: L 163) und »Herr mit Hund« (Form-Nr.: L 162), beide 1881. Besonders bekannt wurde Ungerer durch den Mende-Brunnen in Leipzig.

Betrachtet man die vielen Amoretten, Nixen, Psychen, Musen, Walküren, Bacchantinnen, Standbilder von Dürer, Beethoven, Michelangelo sowie mittelalterlichen Kostümfiguren, wird die enorme Entfernung dieser Gestaltgebungen von der Porzellankunst der ersten Hälfte des 18. Jahrhunderts deutlich. Die meisten Plastiken dieses Zeitraumes sind verkleinerte Nachbildungen originärer Darstellungen in Stein oder Bronze. Kaum einer dieser Künstler hat sich vermutlich mit der Ästhetik des Porzellans beschäftigt. Die Plastiken sind letztlich Ausdruck einer rigorosen kommerziellen Vermarktung und in diesem Kontext Spiegelbild der Gründerjahre sowie Abbild der damals offiziellen Kunst, die in Historiendarstellungen schwelgte und historisierende Formen bevorzugte. Auffallend und typisch ist, dass kaum Tierplastiken in dieser Zeit in Erscheinung traten. Eine Ausnahme bildet das Werk von Sigmund Karl August Ringler (1837–1918), der von 1862 bis 1904 in der Meissener Manufaktur tätig war und u.a. 36 Porzellantierplastiken zwischen 1863 und 1876 schuf.

Dennoch wird in dieser Entwicklungsphase etwas besonders deutlich, nämlich die enormen manuellen Fertigkeiten der Meissener Modelleure, die die Vorlagen in entsprechende Modelle und Modellformen umzusetzen hatten, wobei ihnen oftmals vermutlich nur Abbildungen zur Verfügung standen. Insofern ist aber gerade diese Nachbildungs-Periode, bedingt durch das Fehlen eigener Künstlerpersönlichkeiten, eine direkte Weiterführung der handwerklichen Traditionen schon während der Zeit des Klassizismus. Sowohl in technisch-technologischer Hinsicht als auch bezüglich der manuellen Perfektion schien alles herstellbar zu sein. Sicherlich war alles auch gut verkaufbar, um die pompösen Wohnräume des reichen und reicher werdenden Großbürgertums zu füllen. Die Manufaktur, die seit 1864/65 in den neuen Fabrikationsanlagen im Meißener Triebischtal zu produzieren begann, befand sich bereits während der siebziger und achtziger Jahre in ihrer technischen Ausstattung auf dem damals höchstmöglichen Stand innerhalb der Keramikbranche. Besondere Verdienste an dieser Entwicklung hatte Heinrich Gottlieb Kühn (1788–1870), der von 1833 bis 1870 Direktor der Manufaktur war. Als Techniker und Chemiker hatte er die wegweisenden Grundlagen für diesen technischen Höchststand gelegt.

Die 1867 erstmals auf der Pariser Weltausstellung gezeigten japanischen Farbholzschnitte von Hokusai, Hiroshige und Utamaro wirkten für die Kunst des Westens wie ein Fanal, ein Zeichen notwendiger Veränderungen und Erneuerungen innerhalb der europäischen Künste. Einige Jahre später breitete sich ein neuer Stil mit nahezu explosionsartiger Geschwindigkeit aus, wobei das Kunsthandwerk innerhalb dieser Reformbewegung, die Industrie, Handwerk und Künste zu vereinigen bemüht war, eine herausragende Rolle spielte. Der Jugendstil brachte schließlich auch für das Meissener Porzellanschaffen neue, erfrischende Impulse, allerdings vollzog sich diese rasche internationale Entwicklung an der Meissener Porzellanmanufaktur wesentlich langsamer. Vorbereitende Auswirkungen hatten u.a. der Führungswechsel an der Dresdener Kunstakademie, die Bildung einer sezessionistischen Künstlervereinigung in Dresden, die Akzeptanz modernster Ausstellungstendenzen, die Gründung der Dresdener Werkstätten für Handwerkskunst 1897 und schließlich auch die Vorbereitungen der Meissener Manufaktur seit dem 6. November 1896 zur Teilnahme an der Pariser Weltausstellung von 1900, wo man zwar vorwiegend die traditionellen Meissener Porzellane ausstellte, aber für die mit nur etwa zehn Prozent vertretenen Exponate im modernen Jugendstil Lob und Anerkennung fand.

Nach der Pariser Weltausstellung galt es, »die von verschiedenen Ansätzen ausgehenden Strömungen zu koordinieren und die allgemeine Richtung der Entwurfsarbeiten zu bestimmen« sowie »Freiräume für unterschiedlichste Einflüsse sowohl von außen wie auch aus dem Kreis der angestellten Künstler« bzw. Modelleure und Maler zu schaffen. Mit dem

Bildhauer Erich Hösel (1869 – 1953), der im Jahre 1903 Gestaltungsvorsteher wurde, kamen die neuen Gestaltungstendenzen des Jugendstils auch in den Meissener Plastiken zunehmend zur Geltung. »Mit sicherem Urteil erkannte er in den seit 1895 laufenden Versuchen wohl einen richtigen Ansatz zur Erneuerung der Meissener Porzellanplastik, aber er sah auch die fehlende Konsequenz. Noch zu detailreich, noch zu wenig von der Gesamtform her bestimmt waren bisher die meisten figuralen Gestaltungen. In das Linien- und Formengefüge der modernen Innenarchitektur sollten sich die dekorativen Figuren einordnen, aber sie führten noch zu sehr ein Eigenleben. Der Jugendstil verlangte auch in der Plastik die durchgehende geschweifte Umrißlinie, den organisch motivierten Bewegungsfluß in den Körpern selbst. Um die gesamte Figur zum Ornament werden zu lassen, mußte diese auf Ornamente verzichten. Dieser Forderung entsprach vor allem die neue Art der Scharffeuerstaffierung. Sie unterteilte die Gesamtform nicht, sondern faßte sie großzügig zusammen. Auf dem Scherben breiteten sich die Lösungsfarben konturenlos aus, ließen die weiße Oberfläche mehr oder weniger durchschimmern und gingen ein raffiniertes Spiel mit der spiegelnden Glasur ein. Erst als die Bildhauer ihre Arbeit auf diese Art farbiger Behandlung berechneten, entstand eine plastische Kunst, die am Werkstoff Porzellan neue ästhetische Eigenschaften entdeckte und zur Wirkung brachte.«[10]

Tiere, Kinder und Jugendliche sowie Frauen – von der mondänen Modedame bis zum Akt – waren die bevorzugtesten Gestaltungsobjekte. Künstler dieser Gestaltungsperiode waren u. a. Bruno Max Bochmann (1874 – 1942), Karl Theodor Eichler (1868 – 1946), Paul Helmig (1859 – 1939), Konrad Hentschel (1872 – 1907), Rudolf Hentschel (1869 – 1951), Erich Hösel (1869 – 1953), Bernhard Hoetger (1874 – 1949), Otto Jarl (1856 – 1915), Erich Kleinhempel (1874 – 1947), Alfred König (1871 – 1940), Philipp Lange (1879 – ?), Rudolf Löhner (1890 – 1971), Emmerich Oehler (1881 – ?), Otto Päßler (1869 – ?), Otto Pilz (1876 – 1934), Paul Walther (1876 – 1933), Martin Wiegand (1867 – ?) und Paul Zeiller (1880 – 1915). Die qualitativ besten Arbeiten im Sinne des vollendeten Jugendstils stammen von Karl Theodor Eichler, Konrad Hentschel, Otto Pilz und Paul Walther. Auch quantitativ haben sie ein überraschend vielgestaltiges Werk geschaffen. Reproduziert werden heute vorwiegend die Tierplastiken von Paul Walther, die Serie der Kinderfiguren von Konrad Hentschel und einige wenige Plastiken von Erich Hösel und Otto Pilz.

Um 1910 erlosch mehr oder weniger das Interesse an den weich verfließenden Farbgebungen in Verbindung mit den linear betonten Bewegungen der Formfindungen des Jugendstils. Mit dem Keramtechniker und in künstlerischen Fragen überaus interessierten und aufgeschlossenen Max Adolf Pfeiffer (1875 – 1957), der ab 1913 als kaufmännischer Direktor seine Tätigkeit an der Meissener Manufaktur begann, 1918 Direktor und 1926 Generaldirektor wurde, gelangten Künstler an die Manufaktur, mit denen er bereits in seinem Unternehmen »Schwarzburger Werkstätten für Porzellankunst« in Unterweißbach/Thüringen erfolgreich zusammengearbeitet hatte und von deren Arbeiten er sich eine ästhetische Bereicherung des Meissener Porzellans erhoffte, auch im Sinne einer weiteren Verbreitung neuzeitlicher Kunst. In einem Zeitschriftenbeitrag aus dem Jahre 1923 formulierte Max Adolf Pfeiffer seine persönlichen Ansichten: »Überblickt man die Literatur unserer Zeit, welche sich mit Kunst und Kunstgewerbe beschäftigt, so findet man immer wieder die Frage: Wo stehen wir, wohin gehen wir und was tut uns not? … Während die einen Rückkehr zur Natur als der alleinigen Lehrmeisterin aller Kunst predigen, reden die anderen dem Weiterbau an alter Kultur das Wort und die Dritten treten für rücksichtslosesten Neubau ein. Aus allen Erörterungen tritt schließlich als Ergebnis nur die geradezu trostlose Unsicherheit zu Tage, an der unsere Zeit auf allen Gebieten des rein gefühlsmäßigen Schaffens krankt … Man vergißt immer wieder, daß das Reich der Kunst erst da beginnt, wo das verstandesmäßige Denken aufhört, daß alles ursprünglich Schöpferische – und nur auf dieses kommt es hier an – aus dem Unterbewußtsein herauswächst, durch welches wir als Lebewesen im Urgrunde des Seins wurzeln … Das Gesunden unserer Kunst kann nur aus der einen Quelle fließen, aus der allein auch unser ganzes Sein als Menschheitskörper Heilung gewinnen kann, aus rückhaltloser Ehrlichkeit und Hingabe an die Sache. Solange der Europäer bei allem, was er tut und wirkt, nicht an die Sache denkt, sondern an das, was er damit verdienen will, solange geht der Weg unaufhaltsam abwärts. Erst wenn wir uns vorbehaltlos dem Gesetze unterstellen, aus dem alle wahre Kunst quillt, und ohne Nebengedanken nur einfach versuchen, alles, was wir unter den Händen haben, so gut zu machen, wie es uns eben gegeben ist – erst dann wird all unser Tun die innere Notwendigkeit wieder erlangen, die allein zum Aufstieg führt. Diese innere Umkehr, die uns wieder in Einklang bringt mit dem kosmischen Willen, als dessen sichtbarer Ausdruck diese Umwelt vor uns steht, von der wir selbst ja doch auch nur ein Teil sind, die ist not. Haben wir diese gewonnen, so wird uns auch die so sehnlich erwartete neue Kunst zwanglos erblühen wie eine schöne Blume …«[11]

Diese persönliche Sicht Max Adolf Pfeiffers auf eine Kunst, geboren aus innerer Notwendigkeit und sensibler Kreativität des Menschen, scheint der Schlüssel für seine Erfolge zu sein, denn auf dieser Grundlage blieb er offen für die unterschiedlichsten künstlerischen Angebote, die auf Gestaltwerdung in Porzellan drängten. Hinzu kam ein geistig-kulturelles Umfeld, in dem Pfeiffer mit den besten künstlerischen Kräften Deutschlands verbunden war.

Neben den an der Meissener Manufaktur angestellten Künstlern bzw. entwerfenden Mitarbeitern ermöglichte Pfeiffer im Zeitraum von 1918 bis 1933 22 freischaffenden Künstlern aus Deutschland und Österreich die manufakturelle Umsetzung ihrer Modellentwürfe in Porzellan bzw. Böttgersteinzeug. Während mehrere Künstler nur einzelne oder wenige Modelle für die Manufaktur schufen (z.B. Karl Albiker, Ernst Barlach, Paul Gruner, Oskar Kokoschka, Gerhard Marcks, Carl Seffner), nahm für andere Künstler die Tätigkeit für Meissen einen breiteren Raum ein und konstituierte somit einen spezifischen Teil innerhalb ihres Gesamtwerkes (z.B. Paul Börner, Max Esser, Willi Münch-Khe, Paul Scheurich).[12]

Paul Scheurich (1883–1945) war als Zeichner, Maler und Bildhauer vorwiegend in Berlin tätig. Als Porzellangestalter gilt er als der bedeutendste Künstler in der ersten Hälfte des 20. Jahrhunderts, vor allem mit seinen Porzellanplastiken erreichte er eine neue künstlerische Qualität.

1911 bis 1913 entstanden erstmals drei Porzellanplastiken für die Schwarzburger Werkstätten. Die »Figuren aus dem Russischen Ballett«, zwischen November und Dezember 1912 als Modelle geschaffen, erwarb Max Adolf Pfeiffer am 3. Juni 1913 für die Meissener Manufaktur. Diese Figuren bildeten den bravourösen Auftakt für Scheurichs Wirken an der Meissener Manufaktur. Als freischaffender Künstler war er in den Zeiträumen von 1919 bis 1923, 1929 bis 1933 und 1936 bis 1937 für die Meissener Manufaktur tätig. Insgesamt schuf Paul Scheurich 50 Plastiken (im eigentlichen Sinne) sowie Uhrgehäuse (mit Figuren), Büsten, Plaketten, reliefierte Wandplatten, Gefäße (mit und ohne Figuren) und Dekore, wobei er Porzellan (weiß und farbig staffiert) und Böttgersteinzeug verwendete.

»Rechnet man jede Modellvariante als separaten Entwurf, so beträgt die Zahl der erhaltenen Arbeiten für Meissener Porzellan, einschließlich der drei Modelle, die von Käthe Scheurich unter Mitwirkung ihres Mannes ausgeführt wurden, insgesamt 111.«[13]

Paul Scheurich schrieb über seine Arbeit: »Porzellan ist ein schwieriges Material und birgt für den Künstler, der mit ihm arbeitet, viel Gefährlichkeit, aber andererseits auch die Möglichkeit zu größtem Reichtum der Formen, mit den Reizen seiner spiegelnden Glasur, seinen bemalten Details ... Da Porzellan zumeist auf kleines bis kleinstes Format beschränkt ist, ist weltbewegendes Pathos, meiner Meinung nach, abwegig. Daher bevorzuge ich auch im allgemeinen unbedeutende Vorgänge, meist heiteren, oft literarischen Inhalts ... Man muß ... bei Modellen, die für Bemalung gedacht sind, auf manche Reize und Möglichkeiten der reinen Plastik verzichten, um nicht die Wirkung der Farben vorwegzunehmen. Allzugroße Vereinfachung, entsprechend der Tendenz unserer Zeit, halte ich nicht für ein unbedingtes Erfordernis des Materials, denn gerade das Porzellan kommt einer starken Detaillierung entgegen, da es aus kleinsten Stücken zusammengesetzt wird ...«[14]

Über die Meissener Porzellane von Paul Scheurich, die größtenteils während der »Pfeiffer-Zeit« entstanden sind und als die qualitativ besten Arbeiten der ersten Hälfte des 20. Jahrhunderts gelten, veröffentlichte Johannes Rafael die Monographie »Paul Scheurich 1883–1945. Porzellane für die Meissener Manufaktur«, die als Katalog in Verbindung mit der Memorialausstellung zum 50. Todestag des Künstlers in der »Schauhalle« der Meissener Manufaktur 1995 erschienen ist.[15]

Während der Zeit des Nationalsozialismus (1933–1945) erlebte die Manufaktur mehrere Direktoren mit teilweise kurzen Amtszeiten (z.B. Wendelin Schmotz von 1933 bis 1935 und Wolfgang von Baczko von 1936 bis 1940), unter deren Leitung natürlich auch etliche plastische Arbeiten mit gesellschaftspolitischen Bezügen entstanden, wie z.B. die folgenden Arbeiten von Erich Oehme: »BDM-Kopf« (Modelljahr: um 1939), die Figuren »BDM-Mädel« (Modelljahr: um 1939), »Hitlerjunge mit Trommel« (Modelljahr: um 1939), die Figurengruppen »SA-Alarm« (Modelljahr: um 1939) und »SS-Gruppe« (Modelljahr: um 1939), die Büste »Pimpfkopf« (Modelljahr: um 1940), das Hoheitszeichen »Adler mit Hakenkreuz« (Modelljahr: um 1941) sowie diverse Plakettengestaltungen.

Von Robert Ullmann entstanden die Plastiken »Führerbüste« (Modelljahr: um 1939), die Büste Ludendorff (Modelljahr: um 1941) sowie die weiblichen Akte »Schauende« und »Sinnende« (Modelljahr: 1941). Von Fritz Bernuth entstand die Tiergruppe »Adler mit Schlange« (Modelljahr: 1939) und von Alexander Struck das »BDM-Mädchen« (Modelljahr: um 1940) und die Figurengruppe »Mutter mit Kindern« (Modelljahr: 1940). Von Paul Siegert entstand eine »Göringbüste« (Modelljahr: um 1941) und von Ernst Seger eine »Hindenburgbüste« (Modelljahr: 1935). Ernst Kubiena schuf eine Büste »Siegerkopf« (Modelljahr: 1941, nach Adolf Wampers Bronzestandbild »Genius des Sieges«) und die Figuren »Nymphe« (Modelljahr: 1944) und »Quellnymphe« (Modelljahr: 1942).[16]

Neben diesen zeitbezogenen Plastiken entstanden neue Arbeiten unpolitischen Charakters (vor allem Tierplastiken) von Börner, Esser, Hösel, Münch-Khe und Oehme.

Obwohl man die Ausprägung der neuen Meissener Porzellanplastiken bis Anfang der sechziger Jahre als unerheblich bezeichnen kann, da weder eine ästhetische Konzeption vorlag, noch eine herausragende Künstlerpersönlichkeit zu benennen wäre, sollten doch einige Arbeiten aus diesem Zeitraum benannt werden, um den realitv weiten Spielraum figürlichen Gestaltens anzudeuten, auch um Missverständnissen hinsichtlich doktrinärer Gestaltungsauffassungen vorzubeugen.

Gerhard Bochmann (geb. 1925) schuf die Figuren »Koreanerin« (Form-Nr.: Q 223, Modelljahr: 1953) und »Kugelstoßer« (Form-Nr.: Q 226, Modelljahr: 1951) und Fritz Cremer (1906–1993) einen »Jugendlichen Kopf« (Form-Nr.: S 220, Modelljahr: 1954) in Böttgersteinzeug, von Heinrich Drake (1903–1994) stammen die Tierplastiken »Shetlandpony« (Form-Nr.: T 251, Modelljahr: 1957), »Giraffe, weiblich« (Form-Nr.: S 227 x, Modelljahr: 1956) und »Giraffe, männlich« (Form-Nr.: S 228 x, Modelljahr: 1956). Von Erich Oehme (1899–1970) entstanden die Pferdedarstellungen »Maestoso« (Form-Nr.: S 206, Modelljahr: 1951), »Birkhahn« (Form-Nr.: R 300, Modelljahr: 1952) und der »Maestoso-Kopf« (Form-Nr.: S 208, Modelljahr: 1951). Elfriede Reichel-Drechsler (geb. 1923) fertigte die Modelle »Reiher« (Form-Nr.: H 212, Modelljahr: 1957), »Flamingo-Gruppe« (Form-Nr.: H 216, Modelljahr: 1959) und die weibliche Figur »Jungbäuerin« (Form-Nr.: H 237, Modelljahr: 1959) im Typus der Trümmerfrauen-Figuren. Von Otto Rost (1887–1970) stammen die Figuren »Sandalenbinderin« (Form-Nr.: H 226, Modelljahr: 1957), »Flötenspielerin« (Form-Nr.: H 227, Modelljahr: 1957), »Spähende« (Form-Nr.: H 228, Modelljahr: 1957), »Badende« (Form-Nr.: H 229, Modelljahr: 1958), wobei es sich hier vermutlich um Abformungen von seinen Bronzen handelt. Der Meissener Modelleur Alexander Struck (1902–1990) schuf eine Vielzahl anekdotisch geprägter Figuren bzw. Figurengruppen sowie Tierplastiken, wobei folgende genannt werden sollen: »Chinesischer Maskenträger« (Form-Nr.: R 256, Modelljahr: 1954), »Schlaumatz«-Vögel (Form-Nr.: S 232–S 234, Modelljahr: 1955), »Münchhausen auf der Kanonenkugel« (Form-Nr.: O 282, Modelljahr: 1946), »Schneider Wibbel« (Form-Nr.: R 287, Modelljahr: 1950), »Till Eulenspiegel« (Form-Nr.: Q 228, Modelljahr: 1941) und das bezaubernde Frösche-Schachspiel aus dem Jahre 1950 (Form-Nr.: S 273–S 278). Von Heinrich Thein (1888–1969), der von 1945 bis 1949 als Leiter der Gestaltungsabteilung tätig war, stammt die Serie der Monats- bzw. Tierkreiszeichen aus dem Jahre 1947 (Form-Nr.: R 257–R 268) und ein »Bergmann« in Böttgersteinzeug (Form-Nr.: R 237, Modelljahr: 1946).

Die für die zweite Hälfte des 20. Jahrhunderts charakteristischen und wesentlichen Porzellanplastiken wurden (und werden) von Peter Strang (geb. 1936) geschaffen, der seit 1960 ohne Unterbrechungen an der Manufaktur tätig ist und wohl alle seine persönlichen Vorstellungen sowie die der jeweiligen Auftraggeber im Porzellan verwirklichen konnte. Sein streitbar-produktives Naturell, seine Phantasie und sein unerschütterlicher Glaube an die ästhetisch-dekorativen und gleichsam geistig-kommunikativen Gestaltfindungen des Porzellans bilden die Grundlage seines facettenreichen Werkes, wobei es immer wieder darum geht, eine plastische Gestaltung zu finden, die auch Elemente der Malerei und Grafik beinhaltet. Der Aspekt dieser komplizierten Balancefindung ist das Resultat langjähriger Erfahrungen mit dem Werkstoff und seinen Gestaltungsmöglichkeiten. Die Publikation »Meissener Konturen. Porzellane von Ludwig Zepner, Heinz Werner, Peter Strang, Rudi Stolle, Volkmar Bretschneider. 1960–1990« (Leipzig, 1991) gibt detaillierte Auskünfte über die Entwicklungsphasen des Porzellanschaffens von Peter Strang.

Eine nachfolgende Künstlergeneration mit Jörg Danielczyk, Silvia Klöde und Olaf Fieber schickt sich inzwischen an, ihre eigenen Visionen im Meissener Porzellan zur Anschauung zu bringen, sodass der vitale Fortbestand moderner Plastiken gewährleistet ist.

Die Porzellanplastiken aus der Zeit des Rokoko haben nie das vitale Interesse der Porzellanliebhaber verloren, abgesehen von einer partiellen Negativwertung während der Zeit des Klassizismus. Trotz aller künstlerisch-ästhetischen Veränderungen und Neubestimmungen der Porzellanplastiken im Wechsel der Stile und Ismen in der Kunst und im Kunsthandwerk, konnte sich die heitere, farbenfrohe, spielerische Figurenwelt des 18. Jahrhunderts dauerhaft in den Wertbestimmungen der Rezipienten erhalten. Selbst an der Wende zu einem neuen Jahrtausend rangieren die Plastiken der Meissener Altmeister im Interesse der weltweiten Käufer noch immer an erster Stelle. Diese Situation kann in Bezug auf die Rezipienten nur als ästhetisches Phänomen bezeichnet werden, das bestimmt einer wissenschaftlichen Untersuchung wert ist, denn es handelt sich hierbei nicht nur um die Ausformungen des 18. Jahrhunderts, sondern ebenso um die teilweise »geschönten« Reproduktionen des 19. Jahrhunderts bis hin zu den Ausformungen unserer Gegenwart.

Vermutlich liegen die Ursachen für diese andauernde Faszination nicht in einer scheinbaren Übereinstimmung von künstlerischen Intentionen und Materialspezifik, sondern viel eher – infolge der zunehmenden Technisierung unseres Lebens – in der detailfreudigen, variationsfähigen, feingliedrigen, nuancenreichen Gestaltungskunst auf der Grundlage der manuellen und manufakturtypischen Fertigungsweise. Diese ständig erhaltene Reproduktionskunst innerhalb der noch immer gleichen Manufaktur assoziiert eine Art »lebendige Vergangenheit« in Gestalt dieser Porzellane, denen der Atem des Alten und Ursprünglichen selbst in Neuausformungen anhaftet. Die beibehaltene manuelle Herstellungsweise wirkt dabei wie eine Brücke zum geistig-emotionalen Gehalt der ursprünglichen künstlerischen Darstellungen.

1 Pfauhahn

Barocke Porzellanträume mit Rissen und Brüchen

August der Starke, der Kurfürst-König, wünschte sich seit der Geburtsstunde des europäischen Porzellans – seines Meissener Porzellans – vor allem auch großformatige plastische Gestaltungen. Diese nicht auf der Tradition des ostasiatischen Porzellans fußende Gestaltungsform stellte das europäisch Eigenständige, das unverwechselbar Neue ganz im Sinne des Barock dar. Aber die Dresdener Bildhauer des Permoserkreises hatten die künstlerischen Gestaltungsmöglichkeiten des neuen keramischen Materials hinsichtlich dieser Dimensionen mehr oder weniger »verschlafen«. In der skulpturalen Gestaltung dominierte traditionsgemäß der Stein. Es ist somit nicht verwunderlich, dass zwischen 1710 und 1730 kaum nennenswerte oder herausragende größere plastische Arbeiten in der jungen Meissener Manufaktur entstanden waren.

Ab 1727, mit den aufwendigen Bau- und inneren Gestaltungsvorhaben des »Japanischen Palais« in Dresden, sollte sich diese Situation verändern, denn man benötigte für die Akzentuierung der prachtvollen Räumlichkeiten, der Wandarrangements und der Türzonen große und monumentale Tierplastiken.
Dem Dresdener Bildhauer Johann Gottlieb Kirchner, der zunächst von April 1727 bis April 1728 als Modellmeister an die Manufaktur befohlen wurde, oblagen die ersten Versuche zur Realisierung dieses Anliegens, die jedoch von zahlreichen Misserfolgen begleitet waren. Ehe das inhärente Maß der Porzellanplastik begriffen wurde, mussten enorme technische und technologische Probleme erfahrbar gemacht und gelöst werden. Die Plastiken zerbrachen während des Trocknungsprozesses, sie rissen in den Bränden, und die Glasuren waren blasig. Als Kirchner die Manufaktur verließ, hieß es in einem Rapport: »... er sey vielmehr gewohnt, in Stein zu arbeiten und große Statuen zu verfertigen...« Im Jahre 1730 kam er zurück zur Manufaktur, und gemeinsam mit Johann Joachim Kaendler, der seit 1731 als Modelleur tätig war, löste er sukzessive die Aufgaben. Allerdings verließ Kirchner im März 1733 die Manufaktur erneut. Der junge Bildhauer Kaendler traf am 22. Juni 1731 in Meißen ein, mit dem Auftrag »die von Ihro Königl. Maj. bestellte großen Vasen und allerhand Arthen Thiere mit dem bereits in Diensten stehenden Modell-Meister Kirchner...« zu fertigen. Strebte Kirchner eine ganzheitliche, monumentale Wirkung seiner Plastiken dadurch an, dass er Flächen und Räume zusammenfasste und feingliedrige Modellierungen nur als Detail setzte, so modellierte Kaendler seine Figuren immer detailreicher, verließ die Horizontale und erreichte eine dynamische Vertikalität. Nach dem Weggang Kirchners musste Kaendler über zwei Jahre allein arbeiten, bevor man ab April 1735 mit Johann Friedrich Eberlein einen zweiten Bildhauer als Modelleur einstellte. Trotz aller künstlerischen und technischen Bemühungen erreichten die großen Tierplastiken nie die erstrebte perfekte Vollendung.
Für das Studium der Tiere gab es am Dresdener Hof neben der Kunst- und Naturalienkammer mit seltenen präparierten Tieren auch eine Menagerie, das Jagd- und Bärenhaus sowie das Wildgehege des Moritzburger Jagdschlosses. In einem Arbeitsbericht Kaendlers heißt es in Bezug auf seine Tierstudien: »... und von mir ... sowohl in richtige Modelle, als auch accurate und richtige Zeichnung gebracht worden, damit selbige, wenn solche Stücke bei hiesiger Königl. Porcellain Fabrique ins grosse angefangen werden desto natürlicher und schöner nach solchen gemachten Modellen und Zeichnungen poussiert werden können.« In der Menagerie gab es u. a. Geier, Adler, Papageien, Auerochsen, Löwen, Luchse, einen Tiger, weiße Füchse, Affen, Stachelschweine und Bären.

2 Liegender Löwe

3 Fasan als Terrine

4 Paduaner Hahn (Ausschnitt)

5 Mandelkrähe auf Stamm

6 *Links:* Nashorn
Rechts: Leopard, sitzend

Der grobianische Harlekin und seine bunte Schar

Aus einer Vielzahl von Figuren, die die damalige Theaterszene der beliebten Commedia dell'arte zur Anschauung bringen und wohl vorwiegend auf den Darstellungen diverser Kupferstichvorlagen beruhen, soll eine Figur näher vorgestellt werden. Die auf der Weinkanne angegebene Jahreszahl 1738 und die Buchstaben »ZM« sind der Schlüssel zur Identifizierung dieser Harlekindarstellung. Im Jahre 1738 fanden in Dresden zwei große Feste statt: Die Feier des fünften Jahrestages der Krönung des sächsischen Kurfürsten Friedrich August II. zum König August III. von Polen (der Sohn Augusts des Starken) und die Hochzeit von Prinzessin Maria Amalia von Sachsen mit dem König von Sizilien, die als »Sizilianische Hochzeit« in die Geschichte einging.

Im Rahmen dieser pompösen Festlichkeiten spielte der Königlich-polnische und Kurfürstlich-sächsische Hofkomödiant und Prinzipal der Dresdener Hofkomödianten, Joseph Ferdinand Müller, eine besondere Rolle, denn er verfasste zum Krönungsfeste ein Schaustück namens »Augusti Gütigkeit«, das am 16. Januar aufgeführt wurde, und zur Hochzeit die »memoriable Comödie« mit dem Titel »Ullysses«, die am 10. Mai gespielt wurde. Beide Stücke endeten mit »recht lustigen Nach-Comödien«, wobei sicherlich auch der Verfasser der Stücke als Schauspieler in Aktion getreten war, denn dieser Joseph Ferdinand Müller war der berühmteste, einflussreichste, aber auch der berüchtigtste Harlekindarsteller seiner Zeit. Er galt als der große Rivale der Schauspielerin, Prinzipalin und Theaterreformerin Caroline Neuber und war der bekannte »grobianische Hanswurst«, den sie aus moralischen Gründen von der deutschen Schaubühne verdrängen wollte. Das gelang ihr jedoch nur begrenzt, denn das Publikum spaltete sich angesichts dieses Nebeneinander von zwei theatralischen Welten, wobei die breiten Volkskreise begeisterte Anhänger des berühmten Harlekins Müller, seiner Truppe und seiner Hanswurstspäße derbster Art blieben.

Der Buchstabe »Z« bedeutet »Zanni«und verweist auf den Typus des Harlekin in der Commedia dell'arte.

Vermutlich »um 1738« gestaltete Johann Joachim Kaendler diese Figur zunächst als »Sitzenden Harlekin« und schließlich 1764 als »Stehenden, tanzenden Harlekin«, beide Male mit der gleichen Weinkanne.

Im November 1760, mitten im Siebenjährigen Krieg, starb nahezu vergessen und völlig mittellos Caroline Neuber in Dresden-Laubegast und erhielt als Komödiantin keinen Platz auf dem Friedhof. Nach dem Ende des Krieges (1763) bemühten sich Mitglieder der Dresdener Gesellschaft »Patrioten der Künste«, unter anderem ihr Freund und Verehrer, der Satirendichter Gottlieb Wilhelm Rabener, um eine Würdigung dieser Künstlerin, der Mutter des deutschen Schauspiels, indem sie ihr einen Gedenkstein errichten wollten. Aber erst 1776 kam es zur Aufstellung eines Denkmals aus Pirnaischem Sandstein, geschaffen von dem Dresdener Bildhauer Johann Friedrich Feige, unweit ihres Sterbehauses am Laubegaster Ufer.

Es ist dies genau der Zeitraum, in dem Johann Joachim Kaendler noch einmal die Figur des berüchtigten Harlekin Joseph Ferdinand Müller schuf, vermutlich im Sinne einer Reminiszenz an die beiden Theaterrivalen, wobei Müller bereits 1750 verstorben war, im gleichen Jahr löste die Neuberin ihre Theatertruppe auf.

Johann Joachim Kaendler, Peter Reinicke, Johann Friedrich Eberlein und Friedrich Elias Meyer schufen im Laufe der Jahre und Jahrzehnte zahlreiche Figuren und

7 Stehender, tanzender Harlekin mit Weinkanne

in sich abgeschlossene Serien aus der »Italienischen Komödie«. Oftmals wurden diese Figuren später wieder überarbeitet oder mit anders gestalteten Postamenten versehen. In diesen vielgestaltigen Kleinplastiken werden Typen wie »Dottore«, »Colombina«, »Pantalone«, »Brighella«, »Cortesan«, »Coviello«, »Advocato«, »Tartaglia«, »Pagliaccio« usw. vorgestellt. Ein Spielreglement sah damals vor, dass die Theatertruppe immer aus zwölf Darstellern zu bestehen habe: zwei Damen für ernste, zwei für komische Rollen, zwei Kavaliere als Verliebte, zwei Männer für komische Rollen, zwei zur Weiterführung der Intrige und zwei Alte von der Art Pantalones und Dottores.

8 Galante Dame und Harlekin

9 Harlekin und Colombina, tanzend

10 Figuren aus den Serien »Italienische Komödie«
1. von links: Gnaga
2. von links: Beltramo
3. von links: Advocato
4. von links: Advocato

Vom Reiz der chinoisen Plastik

Obwohl die minutiös und überaus kostbar gemalte Welt der Höroldt'schen Chinoiserie gegen Mitte der dreißiger Jahre schon fast passé war, da nunmehr die gestalterische Umsetzung von grafischen Vorlagen nach Gemälden europäischer Künstler wie Antoine Watteau, Nicolas Lancret, François Boucher, Philip Wouwerman, Elias Ridinger u. a. verstärkt ins Blickfeld des zeitgenössischen Interesses gerückt war, schufen die Meissener Porzellankünstler

11 Japanerin mit zwei Kindern

Johann Joachim Kaendler, Peter Reinicke, Johann Friedrich Eberlein und Friedrich Elias Meyer bis weit in die Mitte der fünfziger Jahre auch noch chinois geprägte Plastiken, denn die »China-Mode« war allgemein noch keinesfalls im Abklingen begriffen, denkt man z. B. an die Möbel mit »Firnissen nach chinesischer Art«, an die Gobelins, Stoffe, Fächer, Stickereien, Tapeten, Gemälde, Stiche und Zeichnungen, die bis zur Französischen Revolution einen chinoisen Charakter aufwiesen, wenn auch vermischt mit klassischen Zierraten, Perlen und Palmen. In der Literatur und Philosophie beschäftigte man sich weiterhin mit fernöstlichen Staatslehren, mit Ethik, Symbolik usw. Carlo Gozzis »Turandot« erschien im Jahre 1764; bevor sie Schiller im Jahre 1802 übersetzte, war sie schon dreimal übersetzt und bearbeitet worden. Johann Gottfried Herder beschäftigte sich 1787 im dritten Band seines Werkes »Ideen zur Philosophie der Geschichte der Menschheit« mit China. Auch in der Architektur blieb der chinoise Aspekt noch aktuell, denkt man an das Teehaus im Park Sanssouci, das zwischen 1754 und 1757 erbaut wurde. Mit derartigen Bauten waren immer auch entsprechende Einrichtungskonzepte verbunden. So war z. B. das in der Meissener Manufaktur für Friedrich II. gefertigte »Japanische Service« von 1762/63 u. a. für den Gebrauch in eben diesem Teehaus vorgesehen. 1770 ließ sich Friedrich II. von seiner Berliner Manufaktur eine »Plat de Menage« (von Friedrich Elias Meyer) für dieses Service fertigen, wobei chinoise Figuren den großen Fruchtkorb zierten. Die porzellanenen Kleinplastiken waren längst unverzichtbarer Bestandteil der Tafeldekoration geworden, und zum chinoisen Service gehörten auch die entsprechenden Plastiken, sei es als Einzelfiguren, als Gefäßfiguren (z. B. für Gewürze, Essig, Öl) oder als plastisches Gestaltungselement bei Leuchtern, Kaffeefässchen oder Fruchtkörben. Im Brühl'schen Conditorey-Inventar von 1753 werden im Capitel 16 »An untermengten Figuren« insgesamt 83 chinoise Porzellanfiguren genannt, die eindeutig der Tafelzier dienten.

In reizvoller Weise beschreibt Kaendler in seiner Taxa vom 28. September 1745 zwei seiner Arbeiten: »1. Grouppgen, aus 2. Figuren bestehend, einen Indianer nebst Weibgen, so neben einander sizen und sich küßen, der Indianer aber spielt auf der Laute, und die Indianerin trinckt Coffeè...« und »Eine große Japanische Grouppee, da ein Bajodte auff einem grünen Raasen sizet, und neben sich eine Japanerin hat, so ihm ein Parsol übern Kopff hält, darbey ein Papagoy, welchen der Japaner füttert...«

12 Pagode mit Frau, nebst Drachenstab und Papagei

13 *Links:* Japaner mit Kesselpauke
Rechts: Japanerin mit Becken

14 Pagode mit Papagei und Fächer

15 *Links:* Japanerin mit Fächer
Rechts: Japaner mit Hut

16 *Links:* Japanerin mit Fächer
Rechts: Japaner mit Hut

»Kavalier und Dame« im Reigen der festlichen Bälle

Meissener Porzellanfiguren des 18. Jahrhunderts muten oftmals wie Momentaufnahmen aus dem prunkvoll-zeremoniellen Leben der Hofgesellschaft an. Sie stehen im Kontext mit bestimmten kulturellen Erscheinungsformen, die zum Teil untergegangen sind oder in veränderter Art bis in unsere heutige Zeit existieren, denkt man z. B. an Tanzveranstaltungen, Maskenfeste, Konzerte usw.

Wie von Italien die Oper, so breitete sich von Frankreich der Ball über ganz Europa aus. Unter König Ludwig XIV. hatte sich die Mode der pompösen Zeremonienbälle mit Vehemenz ausgeprägt, so benannt, weil sie nach vorgeschriebenem Zeremoniell angeordnet und von einem Zeremonienmeister dirigistisch geleitet wurden. Diese Hochform des Tanzfestes wurde unter dem Namen Bal paré (d. h. geschmückter, geputzter Ball) im 18. Jahrhundert wesentlicher Bestandteil der aufwendigen Hoffestlichkeiten und erfreute sich auch bei den intimeren Festen der Aristokratie großer Beliebtheit.

Wie sein Name sagt, wurde die Ball-Etikette durch festlichste, kostbarste Garderobe, sorgfältig ausgesuchte »Parure« der Teilnehmer bestimmt. Der Gesellschaftstanz war zur vollkommenen Kunstform ausgebildet. Nichts kann dies besser veranschaulichen als das Menuett, der Lieblingstanz des Jahrhunderts in allen Ländern, den die Meister der Epoche als Vollendung der Grazielehre des Tanzes schlechthin bezeichneten. Was sich auf dem kurzen Bodenweg eines »Z« alles an Reverenzen, Begegnungen, Vorbeigleiten und Wendungen vollzog, ist so schwierig und vollkommen, dass kaum je Ebenbürdiges im Gesellschaftstanz ersonnen wurde. Die beiden Figuren, Kavalier und Dame, wie ausgespart im Raum, begrüßten einander nach sorgfältigsten Regeln, jede kleine Geste hatte hier Bedeutung und Würde. Die Musik führte sie zusammen und trennt sie wieder, bestimmte das Maß ihrer Annäherung, Entfernung und aller ihrer Bewegungen bis in die leiseste Berührung der Fingerspitzen, gewiss die feinste, leichteste und vollkommenste Stilisierung der Liebe. Vollendet und die »volle Höhe der Tabulatur« erreichend, hatte das Menuett schon zu Anfang des Jahrhunderts die älteren gebräuchlichsten Tänze wie Allemande, Courante, Sarabande, Gigue, Gavotte usw., die alle in feierlicher Haltung und mäßig bewegtem Tempo getanzt wurden, an Beliebtheit bei weitem überflügelt. Nur die Kontertänze, in paarweiser Gegenüberstellung oder in zwei Reihen getanzt, oder die Quadrille, fanden ein ähnliches europäisches Echo wie das Menuett. Viele der Meissener Figuren zeigen Kavaliere und Damen beim Bal paré, die Krinolinen der Damen – Ausdruck ihrer gesellschaftlichen Stellung – und die Röcke der Herren verweisen auf den erwähnten festlichen Charakter.

Neben dem Bal paré kam zu Beginn des 18. Jahrhunderts der Bal masqué, die Redoute, in Mode, die sich ganz Europa im Flug eroberte. Je nach dem ausgegebenen Motto des Festes erschienen die illustren Teilnehmer dieser Tanzfeste als Chinesen, Orientalen, Mohren, Malabaren, Schäfer, Bauern und sogar als Eichbäume verkleidet. Es wurde Mode, Festoper und Redoute zu verbinden, das Theater zugleich als Ballsaal mit Rängen zu verwenden. In neu angelegten Theatern wie dem Residenztheater von Cuvillies in München oder dem Opernhaus von Knobelsdorff in Berlin wurden Maschinerien eingebaut, durch die das Niveau des Parterre der Bühne angeglichen und so das Theater in einen einzigen riesi-

17 *Links:* Tänzer mit Hut
Rechts: Tänzerin

gen Tanzsaal verwandelt werden konnte. Die Maskenbälle gewannen über das Hoffest hinaus allgemeine Bedeutung, seit in Paris die Bals de l'Opera, die ersten öffentlichen Bälle, 1716 eingeführt wurden. Zur Gattung dieser Maskenbälle gehörten auch die Bals champêtres, die ländlichen Bälle und Serenaden. Als Schäfer und Schäferin verkleidet, tanzte man in den abendlichen Parks in eine arkadische Traumwelt.

18 Galantes, musizierendes Paar mit Mops (»Sofa-Gruppe«)

19 *Links:* Reifrockdame mit Fächer
Rechts: Galanter Herr mit Ordensband und Schnupftabakdose

20 *Links:* Pole, tanzend
Rechts: Polin, tanzend

Von der Lust des Jagdvergnügens

Um möglichst große und bequeme Strecken zu gewährleisten verlangten die fürstlichen Jagden einerseits eine hohe Walddichte und andererseits einen entwickelten Berufsjägerstand, der den steigenden Ansprüchen im fürstlichen Jagdgeschehen entsprach. Damit begann eine Periode der Jagdgeschichte, die im späten Barockzeitalter ihre höchste Entfaltung erlebte. Die Jagdveranstaltungen waren aufwendig, farbenprächtig, maßlos und teuer.

August der Starke war ein leidenschaftlicher Jäger und trug selbst die Würde eines »Reichs-Obrist-Jägermeisters«. Allein in den Jahren von 1694 bis 1717 sollen am Dresdener Hof 144 000 Stück Wildbret »gejagt, gehetzt, geprellt und parforcieret« worden sein, darunter Rot- und Schwarzwild, Elentiere, Auerochsen und Büffel. In der Dresdener Heide wurden fast alle Jagdmethoden der damaligen Zeit ausgeübt: die einfache Jagd auf Hasen, Füchse und Federwild, das Saustechen mit fahnengeschmückten Spießen, die Parforcejagd, bei der das Wild mit laut bellenden Hundemeuten gehetzt wurde, sowie die »großen Waldfeste«, bei denen auf verschiedenes Wild gleichzeitig gejagt und zugleich auch deftig gefeiert wurde. Die Waldfeste gingen zumeist mit dem Auftritt von Hof-Zwergen als Jägermeister und grüngekleideten Knaben mit kleinen Hunden einher. Nach der Jagd fand sich die Hofgesellschaft an einer großen Tafel zusammen. In der Stadt Dresden selbst fanden Kampf- und Lustjagden am Hofe statt, wobei man Sauen, Füchse und Dachse zur Strecke brachte. Besonders beliebt war das Fuchsprellen.

Großer Beliebtheit erfreuten sich bei August dem Starken die Wasserjagden auf der Elbe. Das Wild wurde aus dem Wald auf die Elbwiesen und in den Strom getrieben, wo es von dem am Ufer errichteten Königszelt aus mit Kugeln erlegt wurde. Zum Schluss bestieg man die kostbaren Gondeln und setzte die Jagd auf der Elbe fort. Bei der Wasserjagd anlässlich des Dianafestes im September 1719 wurden fast 400 Stück Rot- und Schwarzwild erlegt. Die Jagdleidenschaft Augusts des Starken übertrug sich auch auf seinen Sohn.

Da das Jagdgeschehen eines der Hauptvergnügen des höfischen Lebens zur damaligen Zeit war, ist es ganz selbstverständlich, dass die Jagdthematik eine vielseitige künstlerische Gestaltung auch im Meissener Porzellan erfuhr. Die kostbaren Service, Dosen, Schalen und Vasen wurden u. a. mit aufwendigsten Jagdmalereien nach Kupferstichen von Jahann Elias Ridinger versehen. Das Verhältnis zwischen Mensch und Tier im Geschehen der Jagd fand eine bildkünstlerische Umsetzung, die unmittelbare Tierwelt bot zahlreiche Anregungen zur plastischen Gestaltung im Porzellan. Die Bewegtheit, Pracht und Farbigkeit der Jagd des 18. Jahrhunderts wurde von den Meissener Künstlern ihrem Wesen nach so eindrucksvoll erfaßt und dargestellt, dass uns heute dadurch ein anschauliches und lebendiges Bild dieser Zeiterscheinung vermittelt wird.

21 Liebespaar nach der Jagd
(Ausschnitt)

22 *Links:* Jäger mit Spieß und Hund
Rechts: Jäger mit Hund und erlegtem Hasen

23 *Links:* Jägerin mit Hund
Rechts: Jäger mit Waldhorn und Flinte

24 Wolfsjagd (Ausschnitt)

Im Reiche Arkadiens

Schäferidyllen« waren Ausdruck eines Lebensgefühls der höfischen Gesellschaft des 17. und 18. Jahrhunderts, das von der Sehnsucht nach Natur und Natürlichkeit geprägt war. Dieses eigentümliche Gefühl stand im Gegensatz zu Zeremoniell, Etikette und Repräsentation bei Hofe, Verhaltensmuster und -normen, die jeglicher Natürlichkeit widersprachen. Seit Theokrit (um 305 v.Chr.) Arkadien zum Schauplatz idyllischen Lebens und seine einfachen, ländlichen Bewohner zu Idealgestalten der bukolischen Dichtung erhoben hatte, ist der Name des griechischen Berglandes zum Sinnbild einer paradiesischen Traumwelt geworden. Arkadien galt als das beglückende Land der Natürlichkeit. Der Hirte Paris, Held späterer Pastoraldichtung, wurde von Hera, Athene und Aphrodite zum Preisrichter ihrer Schönheit erkoren, als Lohn wurde ihm die schönste Frau versprochen. Aphrodite verführte in Gestalt einer phrygischen Hirtin den dardanischen König Anchises auf dem Ida. In diesen beiden Mythen sind die Hauptmotive und symbolischen Gehalte der arkadischen Welt beispielhaft konzentriert. Mit der Gestalt des Paris wird der Naturinstinkt des Hirten idealisiert und sein Richtspruch über göttliche Schönheit verherrlicht. Mit der Anchises-Sage ist die idyllische Landschaft, die Welt der Hirten als Paradies heiteren Lebensgenusses und freier Natürlichkeit geschaffen. Dass ein Hirte die Gattin des Königs Menelaos (Helena) gewinnt und eine Hirtin den König Anchises zu verzaubern vermag, ist allegorische Darstellung des arkadischen Grundgesetzes, das in allen Pastoraldichtungen bis zu den galanten Schäferromanzen und porzellanenen Schäferfiguren des 18. Jahrhunderts anklingt: Im paradiesischen Reich der Liebe verlieren Stand und Rang ihre Gültigkeit, um naturhaftem Empfinden Wertmaß und Raum zu geben. Der Herr Arkadiens ist Pan, Gott der Fluren, Haine und Gestade. In seinem vom Zauber des Eros erfüllten Reich leben Nymphen und Satyrn, er liebt die Jagd, den Tanz und die Musik. Die Hirten zieht er in seinen erotischen Bannkreis, und die Nymphen jagd er in verliebtem Spiel. Auch dieser arkadische Mythos ist Hintergrund der bukolischen Phantasie aller Zeiten. Wo immer sie auftritt, wirkt eine erotische, nach pastoraler Seligkeit dürstende Sehnsucht, die das Thema allegorisch erhöht und mit symbolischen Gehalten sättigt.

In der höfischen Kultur des 18. Jahrhunderts erlebte die abendländische Pastoralkunst eine letzte unvergleichliche Blüte. In dieser Epoche, die den Kult der Liebe zur obersten Lebensmacht erhob, gewann der bukolische Themenkreis einen vorher nicht gekannten Raum: Alle Künste und das Hofleben selbst wurden Teil der arkadischen Welt, einer künstlich-kunstvoll gestalteten Ideal- und Traumwelt. Lustschlösschen und »pavillons d'amour« wurden errichtet und im Sinne des »Gesamtkunstwerkes« mit Boiserien, Tapisserien, Gemälden, Möbeln, Stoffen und Porzellanen dekoriert, die vorwiegend pastorale Motive zur Darstellung brachten. Das »Schäferspiel« war in Theater, Ballett und Oper das Lieblingsthema der Zeit. Auf pastoralen Festen und Bals champêtres vergnügten sich Kavaliere und Damen, als Schäfer und Schäferinnen verkleidet, bei Tanz und tändelndem Spiel zum Klang von Dudelsack und Gitarre. Die Poesie des Rokoko hat den Begriff des »Schäferstündchens« geprägt, der bis heute fortlebt.

Anregungen zur Gestaltung seiner Figuren aus Meissener Porzellan fand Kaendler in Gemälden und Stichen, vielleicht auch bei Umzügen und Festen in Dresden und Pillnitz.

25 Schäferpaar mit Hund und drei Schafen

26 Schäfergruppe

27 Musizierende Schäfergruppe

Die antiken Götter

Häufig war die Darstellung der antiken Götter Anspielung auf den Herrscher und damit Hinweis auf sein Gottesgnadentum. Apoll, der Sonnengott, war bildliche Zentralfigur im Schloss zu Versailles als Abbild des Roi Soleil, des allerchristlichsten Königs, und gab ihm damit eine Möglichkeit, sich zu verewigen. Jupiter ward so zum Abbild des Kaisers, Juno zu dem der Kaiserin, Minerva zum Symbol der Förderung der Künste und der Parnass zu dem des kunstliebenden Hofes. Im Barock gelangte die mythologische Kunst zu höchster Blüte. Im Zenit ihrer Bedeutung, zu Beginn des 18. Jahrhunderts, vollzog sich jedoch in der mythologischen Vorstellungswelt ein tief greifender Wandel, der in der Monumentalmalerei seinen sprechendsten Ausdruck fand. Von nun an herrschten in dem neuen Jahrhundert nicht mehr Jupiter, Juno und Apoll als Zentralfiguren am Himmel der Kunst; sie wurden ihrer Herrschaft durch die »niederen Götter« Venus, Pan, Diana und Amor beraubt.

Eine der Szenen des Plafonds in der Galerie des Palais Royal von Antoine Coypel mit dem Thema »Die Liebesgötter entwaffnen die Olympier« zeigt einen Amor, der Chronos, dem Gott der Zeit, Stundenglas und Sense raubt. Damit ist das bezeichnendste Thema des 18. Jahrhunderts angegeben: die Überwindung der Zeit durch die Liebe. Die Liebe als beherrschende Macht im Olymp der Rokokokunst ist jedoch nicht mehr heroisch wie die homerischen Göttergiganten; sie ist idyllisch wie die hellenistischen Märchen, deren liebenswürdigstes Apulejus' »Amor und Psyche« ist. Aus Ovids »Metamorphosen«, der unerschöpflichen Quelle mythologischer Stoffe, wurden von der Epoche die Liebessagen exzerpiert und unter dem Titel »Les amours des dieux« – Ludwig XV. selbst hatte diesen Titel 1757 gewählt – in Tapisseriefolgen verbreitet. Mit den Themen Mars und Venus, Bacchus und Ariadne, Herkules und Omphale, Diana und Aktäon, Aurora und Kephalos, der Raub der Europa, Jupiter und Semele, um einige der wichtigsten Darstellungen dieses Liebesparadieses zu nennen, wurden die Frivolitäten des Olymp, die galanten Sünden der Götter zu Schaubildern auf der Bühne der Kunst.

Für die schönste französische Gartenanlage bei Dresden – in Großsedlitz – schuf der Dresdener Bildhauer Benjamin Thomae (1682–1751), bei dem Johann Joachim Kaendler die Bildhauerkunst erlernte, acht Doppelfiguren, die als die besten Werke des Dresdener Barock gelten. Es sind die Gruppen Bacchus und Ariadne, Amor und Psyche, Pan und Syrinx, Orpheus und Eurydice, Narcissus und Echo, Apollo und Daphne, Meleager und Atalante sowie Ceyx und Halkyone. Diese bezaubernde Figurenwelt erschien schließlich auch in Porzellan.

Über Venus, die Zentralgestalt des ganzen »Style rocaille« heißt es: »François Boucher malt ihren Triumph – ihre Attribute: Fels und Muschel, Koralle und Schilf, Wasser, Schaum und Welle, bilden das Arsenal der Rocailleornamentik – ihr Element, das Wasser, bestimmt das Flüssige der Bildungen – seine Bewegungsform, die Welle, das Gesetz der umschlagenden Bewegung – seine Farbe, das tiefe kühle Meerblau und das Schaumweiß, stiften zusammen mit dem Rosigen des Muschelinnern und dem Changieren des Perlmutter einen typischen Farbakkord des Rokoko – der Schmelz der Muschel ist wahlverwandt der Materie des Porzellans – der Spiegel, Attribut der Venus, ist aus den Räumen des Rokoko nicht wegzudenken.«

28 *Links:* Schäfer, Flöte blasend, mit Tasche, am Baumstamm *Rechts:* Schäferin mit Tasche und Hut, am Baumstamm

31 Nereide mit Muschelschale (aus dem »Schwanenservice«)

32 Der Raub der Proserpina

33 Die Entführung der Europa (Ausschnitt)

Von der Bildhaftigkeit der Dinge

Der Begriff Allegorie kommt vom griechischen »allegorein« und bedeutet soviel wie »anders sagen«. Abstrakte Begriffe oder gedankliche Zusammenhänge können durch die Allegorie als Bild anschaulich gemacht werden. Dies erfolgt zumeist in Form der Personifikation, einer menschlichen Gestalt, die eine bestimmte Bedeutung gleichnishaft verkörpert, z.B. Weisheit, Liebe, Gerechtigkeit, Wahrheit oder Jahreszeiten, Sinne und Erdteile. Personifikationen können auch in einem Handlungszusammenhang, in ein Bildprogramm eingebunden werden und so auf einen übergeordneten Bildsinn (Bildallegorie) ver-

34 »Glück und Zeit« (Allegorie auf die Verherrlichung Sachsens)

35 Allegorie »Die Luft«

36 Allegorie »Das Feuer«

37 Allegorie »Die vier Jahreszeiten«

38 Perserin auf Kamel (Allegorie »Asien«)

Die Bildhaftigkeit der Allegorie erfolgte nicht nur in der Malerei und Bildhauerkunst, sondern auch in der Grafik, im Tanz, in der Opern- und Schauspielkunst sowie in der Dekorationskunst des 18. Jahrhunderts, die überaus weit gefächert war. Das europäische Porzellan – entstanden an der Wende vom Barock zum Rokoko – birgt eine derartige Fülle von allegorischen Darstellungen in der Dekoration und Plastik, dass man geneigt ist, die Allegorie als ein Paradebeispiel für die Porzellankunst zu kennzeichnen. In der Meissener Manufaktur begann der Auftakt der malerisch und plastisch gestalteten Allegorien in Porzellan, wobei auch hier Anregungen von anderen Materialien (z. B. Bronze) bzw. Techniken (z. B. Grafik) übernommen wurden.
Beim Entwurf ihrer Figurenkompositionen orientierten sich die Künstler an »Programmen«, die die geistigen Inhalte darlegten und die Aussagefunktion der Allegorie im vorgeschriebenen Zusammenhang erklärten. Cesare Ripas »Iconologia« aus dem Jahre 1669/70 zählt zu den wichtigsten Werken dieser Art.
Allegorische Darstellungen von Tages- und Jahreszeiten, von den fünf Sinnen, von den Lebenselementen Luft, Erde, Feuer und Wasser sowie von Erdteilen und Völkern waren überaus beliebt.
Die Meissener Figuren beinhalten unzählige Anregungen, sich wieder mit dieser interessanten Bildwelt zu beschäftigen.

39 Handwerkerfiguren
1. von links: Der Knopfmacher
2. von links: Der Böttcher
3. von links: Der Schwertfeger

Arbeitsleute allesamt

Als August dem Starken im Jahre 1694 die Pflichten und die Würde des sächsischen Kurfürsten übertragen wurden, zählte das sächsische Territorium noch immer zu den entwickeltsten Gebieten des Heiligen Römischen Reiches deutscher Nation. Ein halbes Jahrhundert nach dem Ende des Dreißigjährigen Krieges waren die wirtschaftlichen Folgen weitgehend überwunden. Sachsen war gegen Ende des 17. Jahrhunderts eines der am dichtesten besiedelten deutschen Territorien. Die Manufakturgründungen verstärkten sich besonders in den Jahren von 1700 bis 1740. Die in Dresden gefertigten Möbel, das Tafelgeschirr und der Schmuck standen ihren französischen Vorbildern in nichts nach. Geklöppelte Spitzen aus dem Erzgebirge brauchten den Wettbewerb mit

denen aus Flandern und Brabant nicht zu scheuen. Samt und Seide aus der Oberlausitz fanden in Frankreich ihre Käufer, Damast aus Großschönau erregte Aufsehen und Nachfrage in Großbritannien.
Die kleinplastischen Darstellungen aus der Arbeitswelt umfassen – einem gesellschaftlichen Spiegelbild gleich – vor allem Bauern, Gärtner, Winzer, Handwerker, Bergleute und Händler, und diese Welt der alltäglichen Arbeit voller Mühsal konnte für die Hofgesellschaft nur einen amüsanten, pittoresken und vernied-

40 Bergschreiber und Karrenläufer

41 Winzergruppe am Faß

lichenden Charakter haben. Figuren dieser Art schmückten die thematisch gestalteten Tafelbilder und veranschaulichten dergestalt Lebensbereiche, die ihnen mehr oder weniger unbekannt waren. Heute geben uns diese Figuren auch Auskunft über alte Handwerkskünste (Knopfmacher, Böttcher, Klempner, Büchsenmacher usw.), über Bekleidungsvorschriften z. B. bei den Bergparaden der Bergleute, über damals benutzte Werkzeuge und über die Art des Handels (Essig-, Wasser- und Limonadenverkäufer, Vogelhändler, Muschelverkäufer usw.).

folgende Seiten:
42 Gruppe »Der Ackerbau« (Ausschnitt)

43 Gärtnergruppe (Ausschnitt)

44 *Links:* Knabe, Gänse fütternd
Rechts: Mädchen am Bauernhaus,
Hühner fütternd

45 Der Gänsehandel

Zwischen Blumenbeeten und Hecken …

Das Elbtal und die Umgebung Dresdens boten August dem Starken vielfältige Möglichkeiten zur Gestaltung einer Kulturlandschaft, wobei neben den Palais auch die Gartenanlagen eine hervorragende Rolle spielten. Wie die Perlen einer Kette reihen sich der französische Park von Großsedlitz, das »orientalisch-indianische« Pillnitz, das »Japanische Palais«, der Zwinger und das »persianische« Schlösschen Übigau – alle mit entzückenden Gärten versehen – aneinander. Daneben existierten noch der »Große Garten«, der »Türkische Garten« und der Schlossgarten. Gemäß dem absolutistischen Herrschaftsanspruch verkörperten die »Gärten im französischen Stil« à la Le Nôtre die Subordination der Natur unter die Macht des Herrschers. Alle Hecken und Bäume waren kunstvoll geschnitten, die Wege führten absichtsvoll zu einem Zentrum, die Blumenbeete folgten strengen Ornamentierungsregeln und selbst das Wasser in Gestalt von Fontänen, Sprudeln, Kaskaden und Becken unterlag dem gestalterischen Willen. In Dresden galt Oberlandbaumeister Johann Friedrich Karcher (1650 – 1726) als konsequenter Vertreter des französischen Barockgartentyps.

Von herausragender Bedeutung war der Großsedlitzer Park, in dem August der Starke oft verweilte. 1727 wurde das Fest des polnischen weißen Adlerordens in diesem französischen Park gefeiert; noch unter seinem Sohn – August III. – fanden die glanzvollsten Feste statt, so z. B. die Adlerordensfeste, die zwölfmal ausgerichtet wurden.
So wie sich das derb-erotische Symbol des Bockes während des Rokoko zum reizenden Schäfchen verwandelte, so sind die Figuren der Meissener »Gärtnerkinder« in heiterer Weise gewissermaßen die hilfreichen und liebenswerten Geister der Gartenkünstler des 18. Jahrhunderts. In dieser künstlerischen Darstellungsart spiegeln sie gleichsam den verniedlichenden Ausdruck des Machtanspruchs über die Natur, verbunden mit der dienenden Rolle des Menschen.
Sie zierten einst die filigranen Wandarrangements in den entsprechenden Lustschlösschen und schmückten die Tafelbilder in Verbindung mit den reizvollen Porzellanhäusern oder mit den blumenbemalten Tafelservicen – immer sind sie liebenswert und immer sind sie beschäftigt.

46 Gärtnerkinder
1. von links: Gärtnerkind (männlich) mit Sense
2. von links: Gärtnerkind (weiblich) mit Rechen
3. von links: Gärtnerkind (männlich) mit Früchtekorb
4. von links: Gärtnerkind (weiblich) mit geknotetem Tuch
5. von links: Gärtnerkind (weiblich) mit Früchtekorb
6. von links: Gärtnerkind (männlich) mit Gießkanne

Die Affenkapelle – geboren aus der Welt der Fabel

Das Motiv der musizierenden, tanzenden oder anderswie agierenden Affen bezog sich als Sinnbild seit alters her auf menschliche Handlungs- und Verhaltensweisen. Johann Joachim Kaendler kannte als Bildhauer, Bildbetrachter und Leser mit Sicherheit die unterschiedlichsten Darstellungen dieser mehrdeutigen Sinnbilder, sei es in der Malerei, der Grafik, der Emblematik oder in der Fabelliteratur.

Seit dem 14. Jahrhundert war der Affe in ganz Europa beliebt. Zunächst hielt man ihn als Spieltier, an den Höfen kopierten ihn die Narren. Im 16. Jahrhundert zog er das Interesse der Zoologen auf sich, aber auch die Künstler fanden an ihm Gefallen, da er wie ein Zerrbild des Menschen wirkt, was ihn vorzüglich zur Bloßstellung menschlicher Schwächen und Untugenden und zur Verspottung gesellschaftlicher Einrichtungen geeignet machte. Im 17. Jahrhundert erreichte die Fabeldichtung in Frankreich mit La Fontaine den höchsten Entwicklungsstand, wobei der Dichter unzählige Anregungen aus der emblematischen Bildtradition empfangen und verarbeitet hat. Das erziehungsfreudige 18. Jahrhundert, das die Poesie streng zur Belehrung und Besserung der Menschen in Dienst nahm, musste für die Fabel und für die satirische Dichtung eine besondere Vorliebe entwickeln. In den populären aufklärerischen Zeitschriften jener Zeit finden sich zahllose Artikel mit satirischen Aspekten. Beliebtester deutscher Autor dieses Genres war Gottlieb Wilhelm Rabener (1714 – 1771), der wie Kaendler die Meißener Fürstenschule besuchte.

Die Ursachen, die zur Gestaltung der »Affenkapelle« führten, liegen offensichtlich im geistig-kulturellen Umbruchmilieu der damaligen Zeit begründet, das bereits wesentlich vom progressiven Gedankengut der Aufklärungsbewegung geprägt war.

Über die zeitgenössische Sinnbildhaftigkeit des Affen gibt das »Große vollständige Universal-Lexikon aller Wissenschaften und Künste« von Johann Heinrich Zedler von 1732 Auskunft: »Der Affe ist Sinn-Bild eines unnützen Menschen, weil er bloß zum Zeitvertreib dienet; eines untüchtigen, der in unverdienten Ehren sitzet, weil er darum kein Mensch wird, ob er schon ein menschlich Kleid angeleget; eines sich selbst liebenden und allein maynenden; eines an der Erde klebenden Gemüths…« Der Text bringt zum Ausdruck, dass ein nützlicher und tüchtiger Mensch seine Lebenszeit sinnvoll mit Arbeit verbringt und sich damit Ehre und Ansehen verdient. Menschsein, Autorität und Persönlichkeit wird nicht von der Kleidung, vom Aussehen, von Äußerlichkeiten bestimmt, sondern durch solche Qualitäten wie Nächstenliebe, Toleranz, Offenheit und die Fähigkeit, sich am Fortschritt zu orientieren. Der Affe wird hier als Sinnbild, als Gleichnis verwendet, um gesellschaftlich relevant werdende menschliche Qualitäten darzustellen, die über die Zeit hinausweisen.

Gottlieb Wilhelm Rabener erwähnt in seiner Schrift »Abhandlung von Buchdruckerstöcken«, die 1745 in den »Neuen Beyträgen zum Vergnügen des Verstandes und Witzes« erschien, eine Fabel (nach Äsop) und einen Kupferstich, der nach eben dieser Fabel gestochen wurde, die beide mit Kaendlers »Affenkapelle« in Verbindung stehen. In dieser Schrift heißt es: »Die Fabel ist bekannt, welche uns erzählt, daß ein Mann sich Mühe gegeben, eine Menge Affen zu unterweisen, und sie dahin zu bringen, daß sie wenigstens vor den Leuten ihre natürlichen Sprünge, und affenmäßigen Handlungen verbergen, und sich in ihren Posituren, wie Menschen, anstellen sollen. Als er es durch gute und scharfe Mittel endlich so weit gebracht, daß sie einiger maßen menschlich gethan, so verderbt ihm ein Spötter seine ganzen Bemühungen, da er Nüsse und Aepfel unter sie wirft, wodurch sie auf einmal aus ihrer unnatürlichen Stellung gebracht werden, und sich so zeigen, wie sie natürlich sind. Diese Fabel hat mein ... Freund sehr lebhaft in einem Stock ausgedrückt. Der Mann, welcher sich Mühe giebt, die Affen zu unterweisen, scheint sich sein Amt so angelegen seyn zu lassen, als wenn er mit der wichtigsten Sache von der Welt zu thun hätte. Aber die unterschiednen Stellungen seiner Schüler geben deutlich genug zu verstehen, daß sie nur aus Zwang vernünftig thun, und länger nicht, als er vor ihnen steht, und ihnen droht. Unter der menschlichen Kleidung guckt das Affengesicht allemal vor. Verschiedne blöken gar die Zähne wider ihn, und der eine Affe besonders, welcher vor andern ansehnlich ist, droht ihn zu kratzen. Von ferne zeigt ihnen ein Zuschauer einen Korb voll Obst, nach welchem sie alle mit lüsternen Blicken sehen, und auf dem Sprunge zu stehen scheinen, Lehre und Zwang zu verlassen, um ihren natürlichen Trieben wieder zu folgen ...«

Im Jahre 1754 erschien ein Satirenband von Rabener (gewidmet dem französischen Fabeldichter Nicolas Boileau-Despreaux (1636–1711) bei P. G. Simon in Paris und in dieser französischsprachigen Ausgabe befindet sich ein Titelkupfer von Jean-Jacques Filipart (1719–1782) mit der Darstellung einer Affenschule, wie eben geschildert.

Rabener meint in seiner Interpretation ganz unverhohlen den höfischen Zwang und die absolutistischen Lehren des Gottesgnadentum und er deutet Widerstand an. Kaendlers »Affenkapelle« bringt offensichtlich dieses geistige Anliegen zur Darstellung; sie ist letztlich eine heiter anmutende Reverenz an die Vernunft und Erziehbarkeit des Menschen, im Gegensatz zu jeder Art von Dressur unter Zwang, die stets nur menschenähnliches Verhalten hervorbringen kann.

folgende Seite:
47 Affenkapelle

Ein neues Zeitalter bricht an

Je weiter die Stunde vorrückt, desto greller flackern die Lichter, desto lauter lärmen die Gäste, als lauerte im Dunkel schon die eisige Hand des Todes. Aber wenn im strahlendsten Fest jäh die Türen auffliegen, ist es nur der Bürger, der hereintritt und die Fackel löscht... (aus: Richard Alewyn, Das große Welttheater).

Es waren nicht mehr die prachtvollen Garderoben, die prunkvollen Tafelzeremonien, die lustvollen Amouren, die inszenierten »Umzüge der Nationen« und die abenteuerlichen Jagdvergnügen der Hofgesellschaft, die im Blickpunkt der porzellanenen Gestaltungskunst standen. Die sich anbahnenden gesellschaftlichen Veränderungen machten sich bereits Anfang der siebziger Jahre auch im Meissener Porzellan bemerkbar. Die Darstellungen beinhalteten zunehmend Themenbereiche, die sich an den Ideen und Idealen des Bürgertums orientierten: Ehe, Kindererziehung, Solidarität, Bildung, Gefühl usw. Bezeichnungen wie »Die gute Mutter«, »Der gute Vater«, »Die glücklichen Eltern«, »Spielende Kinder« oder »Die junge Braut« geben darüber Auskunft.

Die architektonische Denkmalskunst berücksichtigte zunehmend bürgerliche Persönlichkeiten (Dichter, Musiker, Philosophen usw.). Diese Situation findet auch im Meissener Porzellan ihren Niederschlag, wie am Denkmal des beliebten Dichters Christian Fürchtegott Gellert (1715–1769) ersichtlich. Bereits 1775 entstand ein kleines, noch in barocker Formtradition geschaffenes Porzellan-Zimmerdenkmal von Johann Joachim Kaendler und Christian Gottfried Jüchtzer. Das zweite Gellert-Denkmal in Meissener Porzellan von Michel Victor Acier entstand im Juni 1777 nach dem Leipziger Marmororiginal. Der Entwurf stammte von dem Maler und Ästhetiker Adam Friedrich Oeser (1717–1799), bei dem sowohl Johann Joachim Winckelmann als auch Johann Wolfgang Goethe Zeichenunterricht genommen hatten. 1774 gestaltete Friedrich Samuel Schlegel (1732–1799) die plastische Fassung in Marmor. Gellerts Verleger Johann Wendler hatte das Denkmal kurz nach dem Tode des Dichters 1769 in Auftrag gegeben.

Ein drittes Gellert-Denkmal von Acier und Schönheit entstand 1778 nach dem Monument Schlegels in der Leipziger Johanniskirche. Auf dem Gebiete der Bildnisbüsten vollzog sich eine ähnliche Entwicklung.

48 Bürgerliche Familie (Ausschnitt)

folgende Seiten:
49 Der gute Vater

50 Mutter mit Kindern

GELLERT
WIDMETE DIESES DENCKMAL
EINE GESELLSCHAFFT
Geb. D. 4. Jul 1715
Gest. D. 13. Dec. 1769

51/52
Christian Fürchtegott Gellert
Links: Grabmal nach Schlegel
Rechts: Denkmal nach Oeser

Die Faszination der antiken Malerei und Skulptur

Charakteristische Raumausstattungen in der Zeit des Klassizismus beruhten u. a. auf den Funden und archäologischen Erkenntnissen aus den Ausgrabungen in Herculaneum (seit 1738) und Pompeji (seit 1748). Die römischen Wandmalereien, die 1757 bis 1762 in dem dreibändigen monumentalen Kupferstichwerk »Le pitture antiche d'Ercolano e contorni incise con qualche spiegazione« (Neapel) publiziert wurden, begeisterten im 18. Jahrhundert ganz Europa und regten zu Nachgestaltungen an. Zahlreiche, in verschiedene Sprachen übersetzte Ausgaben mit verkleinerten Reproduktionen erschienen und rückten somit die Ausgrabungen in das Zentrum des zeitgenössischen Interesses.

In der französischen Ausgabe des Werkes mit dem Titel »Antiquités d'Herculaneum, ou les plus belles peintures antiques…trouvés dans les excavations d'Herculaneum, Stabia et Pompeia…« (Paris, 1780) stammen die Kupferstiche von François Ange David, die Texterläuterungen zu den Farben der Fresken von Pierre Sylvain Maréchal. 1785 bis 1787 erfolgte die Fortsetzung des Werkes mit dem Titel »Antiquités Etrusques, Grecques et Romaines gravées par F. A. David…«

Zuvor hatte Johann Joachim Winckelmann 1755 seine Schrift »Gedanken über die Nachahmung der griechischen Werke in der Malerei und Bildhauerkunst« und 1764 seine »Geschichte der Kunst des Altertums« veröffentlicht. Lessings Schrift »Laokoon oder über die Grenzen der Malerei und der Poesie« erschien 1766 und galt als das richtungweisende Werk der modernen Kunsttheorie im 18. Jahrhundert. Die Veranschaulichung der Lessing'schen Theorie setzte die Kenntnis der antiken Bildwerke voraus.
Den Meissener Künstlern waren sowohl die Kupferstichwerke bekannt als auch die antiken Skulpturen der Königlichen Sammlungen im Japanischen Palais (seit 1788) und in der Osthalle des Stallhofes zugänglich, wobei ab 1784 die Mengs'sche Gipsabgusssammlung aus Rom mit 833 Objekten hinzugekommen war. Hier fanden die Porzellangestalter ihre Vorbilder, sie konnten sie abzeichnen und in den Porzellanverkleinerungen zu neuem Leben erwecken. Der Meissener Modelleur Johann Gottlob Matthäi war seit 1795 Inspektor dieser Sammlung und konnte somit als »Porzelliner« entsprechende Anregungen vermitteln.

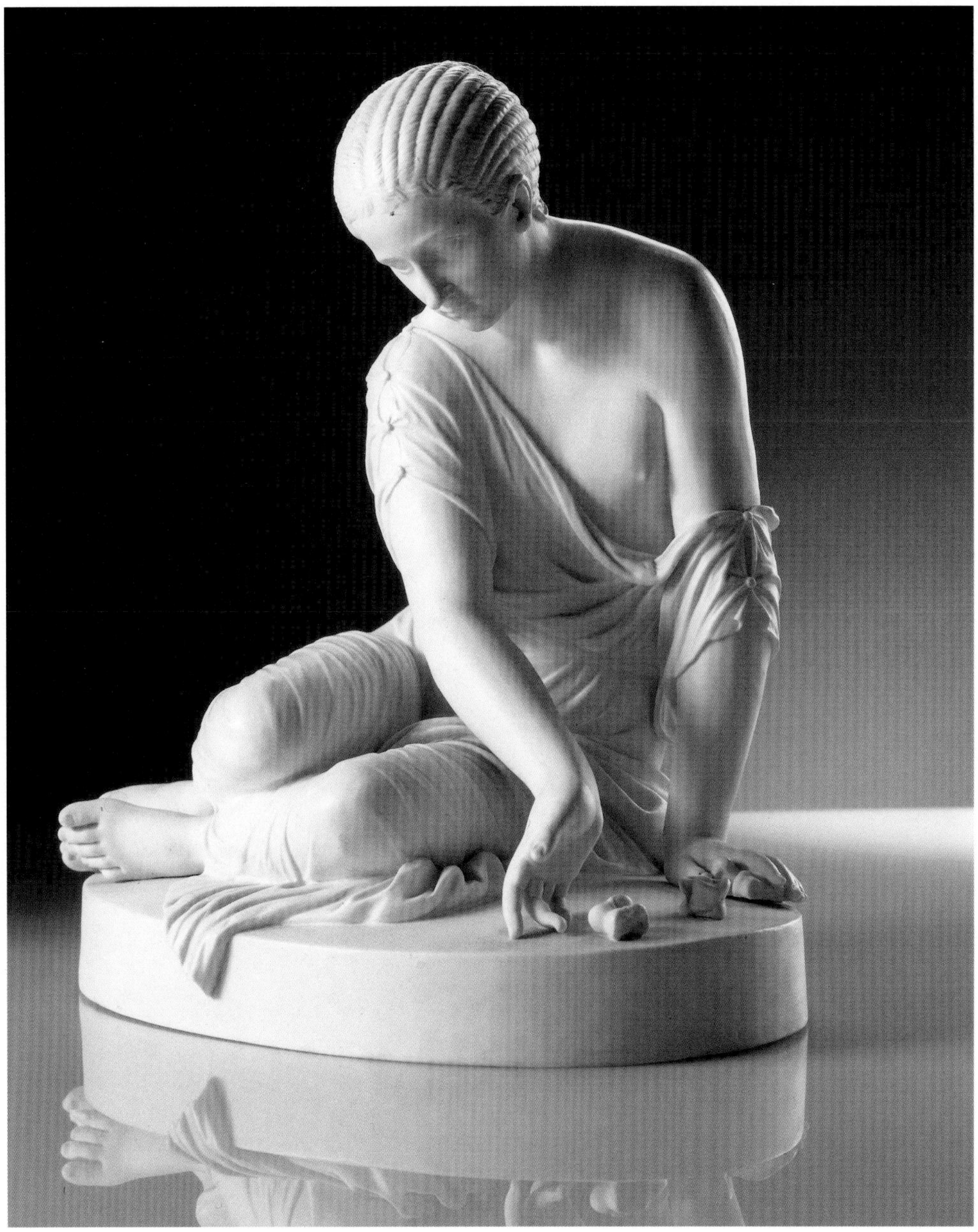

53 »Der Liebeshandel« bzw. »Der Liebesmarkt«

54 Knöchelspielerin

55 *1. von links:* Büste Apollo
2. von links: Büste Venus
3. von links: Büste Bacchus
4. von links: Büste Ceres

56 Drei Grazien

Kleine Werke namhafter Künstler

Die kleinplastischen Arbeiten in der zweiten Hälfte des 19. Jahrhunderts, insbesondere verkleinerte und modifizierte Nachbildungen von entsprechenden Originalen oder speziell für die Manufaktur gefertigte Entwürfe von namhaften Bildhauern ihrer Zeit, wurden bisher kaum von der Kunstgeschichtsschreibung registriert und bewertet, obwohl sie doch interessante Bestandteile eines künstlerischen Gesamtwerkes sein können, vor allem hinsichtlich vergleichender Untersuchungen zu bekannteren Arbeiten des jeweiligen Künstlers. Mitunter ist es überhaupt nicht bekannt, dass ein Künstler auch in Porzellan bzw. für die Meissener Manufaktur gearbeitet hat.

Fanny Elßler (1810 – 1884) galt als hervorragende Vertreterin des romantischen und realistischen Charaktertanzes ihrer Zeit. Auf ihren vielen Tourneen studierte sie die Tänze verschiedener Völker und nahm sie in ihr Repertoire auf. In den dreißiger Jahren drang auch der spanische Volkstanz über die Grenzen seines Heimatlandes. Die Originalität und Lebensfülle dieser Tänze veranlasste viele Choreographen, den Schauplatz mancher Ballette nach Spanien zu verlegen.

57 Bacchus auf Panther

Die »Cachucha« war ursprünglich ein spanischer Tanz im 3/4 oder 6/8 Takt für ein Solo mit Kastagnetten. Fanny Elßler tanzte sie zum ersten Male als Florinde im dritten Akt des Balletts »Le diable boiteux« (Der hinkende Teufel) von Jean Coralli bei der Uraufführung am 1. Juli 1836 in der großen Pariser Oper. Dieses Tanzstück begründete ihren weltweiten Ruhm und wurde schließlich fester Bestandteil ihrer Tanzprogramme.

Die Figur der Fanny Elßler in Meissener Porzellan (Ausführungen in Biskuit bzw. bunter Aufglasurmalerei) geht zurück auf die Gips- bzw. Bronzestatuette »Fanny Elssler dansant la chachucha« von Jean-Auguste Barre aus dem Jahre 1836/37 (H.: 44 cm). Der gleiche Künstler schuf 1837 die Statuette »Marie Taglioni dans la Sylphide« (H.: 45 cm). Maria Taglioni war die große Rivalin der Fanny Elßler. Auch von dieser Bronzestatuette gibt es eine Ausformung in Meissener Porzellan (Form-Nr.: V 62).

Der 1861 in Ilsenburg (Harz) geborene Walter Schott studierte von 1880 bis 1883 an der Berliner Kunstakademie. Bereits 1888 erhielt er von Kaiser Wilhelm II. ei-

58 »Raphael Sanzio« (d. i. Raffaello Santi)

59 Tänzerin Fanny Elßler

nen umfangreichen Auftrag zur Ausgestaltung des Neuen Palais in Potsdam. 1898 erhielt Schott vom Kaiser den Professorentitel verliehen, und die Akademie der Künste zu Berlin ernannte ihn zum Ordentlichen Mitglied. Im gleichen Jahr begann der Bildhauer mit der Arbeit an der »Kugelspielerin«, die als sein Hauptwerk gilt.
Im Jahre 1897 entstand zunächst eine Statuettenform. Schott hatte etwa 30 bis 40 Skizzen gefertigt, fand aber »die meisten so wenig graziös«. Schwierigkeiten bereitete ihm insbesondere die Armbewegung, die das abgeworfene Gewand erhalten sollte. Sein Modell, »ein sehr reizendes Geschöpfchen«, war durch Schotts »Anschreien so erschreckt…, daß es eine ganz impulsive Bewegung machte. Sie legte ihren Arm mit dem ausgezogenen Hemdchen auf ihren Rücken«. Der Bildhauer »holte ein kleines Modelleisen« und hat »dann diese Figur, die im Prinzip so geblieben ist, für spätere Variationen und auch für die endgültige Ausführung gut benutzen können«. Diese erste Statuettenform ging verloren.
Schließlich fertigte Schott eine neue Fassung, die unbekleidet war und eine weitere, mit einem »leichten Schleier« bedeckt. Schott schrieb dazu: »Die tanzende Mänade, dieses himmlische Werk, wohl das graziöseste des Altertums, hat mir für diese Gewandung große Dienste geleistet.«[17]
Auf der Großen Berliner Kunstausstellung von 1897 waren beide Ausführungen, d. h. die bekleidete und die unbekleidete, in Marmor angemeldet, allerdings gibt es gegenwärtig keine Angaben darüber, ob sie überhaupt ausgeführt wurden. Im »Offiziellen Katalog der Internationalen Kunst-Ausstellung Dresden 1897« wird unter Nummer 1182 die »Kugelspielerin, lebensgross, bekleidet« genannt, allerdings ohne Angabe in welchem Material. Sie war in der »Großen Halle« ausgestellt und wurde als »verkäuflich« geführt. Im »Führer…« dieser Ausstellung wird sie auf Seite 86 erwähnt, allerdings ebenfalls ohne Materialangabe.
Ein Bronzeexemplar erschien 1898 auf der Berliner Ausstellung, allerdings ist die Art der Version nicht im Ausstellungskatalog genannt. Eine bekleidete Version in Bronze befindet sich in der Berliner Nationalgalerie, die nach Bloch als »Original« bezeichnet wird; die Düsseldorfer Bronzeausführung gilt als »Zweitfassung« (H.: 136 cm) und ist im Blumengarten am Graf-Adolf-Platz in Düsseldorf aufgestellt. Diese beiden genannten »Kugelspielerinnen« tragen – zusätzlich zum Hemdchen – ein dünnes, unter der Brust gegürtetes Gewand, das die rechte Brust frei lässt.
Einst von Reinhold Begas, für den Schott eine große Verehrung hegte, hoch gelobt, gilt die »Kugelspielerin« als Hauptwerk Walter Schotts, das eine Mittelstellung zwischen dem Neobarock von Reinhold Begas und dem Neoklassizismus Adolf von Hildebrands einnimmt.
Die Meissener Porzellan-Manufaktur hatte im Jahre 1897/98 die Rechte zur Herstellung von Verkleinerungen der »Kugelspielerin« in Porzellan erworben. Im Jahre 1898 kam es zur Ausformung der »Kugelspielerin« (in der bekleideten Version) mit der Formnummer Q 180 (H.: 36 cm); die kleinere Fassung mit der Formnummer Q 180 b (H.: 30 cm) wurde erst im Jahre 1903 erstmals ausgeformt. Die Figur wurde in bunter Aufglasurmalerei, aber auch in weißem bzw. farbig staffiertem Biskuit gefertigt.

Im Jahre 1902 wurde eine weitere Arbeit von Walter Schott in Meissener Porzellan gefertigt, es handelt sich um die weibliche Figur mit der Bezeichnung »Erblüht« (Form-Nr.: T 68).
Die Walter Schott Aktien-Gesellschaft-Gladenbeck, Berlin-Friedrichshagen fertigte Bronzerepliken der »Kugelspielerin« in den Größen 73 cm, 45,5 cm und 26 cm (ohne Sockel), in der bekleideten und unbekleideten Version. Man fügte noch eine dritte Version hinzu, in vergoldeter Bronze mit Elfenbeinteilen und einem Gewand, das die rechte Brust bedeckte.
Die »Kugelspielerin« in Meissener Porzellan erfreute sich schon zur Zeit ihres Entstehens großer Beliebtheit, aber auch noch heute ist sie eine begehrte Meissener Figur.

60 Kugelspielerin

Eine Reverenz an Frankreich

Im Rahmen der umfangreichen Vorbereitungen der Meissener Manufaktur zur Teilnahme an der Weltausstellung 1900 in Paris stellten Meissener Künstler eine neuzeitliche Figurenserie aus der Welt der Commedia dell'arte her, die in engster Verbindung mit der französischen Kultur und Kunst stand und in jeder Hinsicht eine Reverenz an das Gastgeberland darstellte.

In den Jahren 1858/59 schuf Maurice Sand, der Sohn der bekannten Autorin George Sand (d.i. Lucile Aurore Dupin, 1804–1876), in seiner Tätigkeit als Theaterhistoriker zahlreiche kolorierte Zeichnungen zu Figuren der Commedia dell'arte als Rekonstruktionsversuch des 19. Jahrhunderts. Diese (nebst allen Angaben zur Geschichte der jeweiligen Figur) sind in dem zweibändigen Werk »Masques et Bouffons (Comédie Italienne), Texte et Dessins par Maurice Sand. Gravures par A. Manceau. Preface par George Sand. Paris 1860« abgebildet.

Der Bildhauer und Porzellanplastiker Wilhelm Romanus Georg Andresen, seit 1886 Gestaltungsvorsteher an der Meissener Manufaktur, setzte, nach seiner Bildhauerausbildung an der Berliner Kunstakademie, in den Jahren 1897 bis 1898 seine Studien in Paris fort, wobei er vermutlich das Werk Sands kennenlernte. Anschließend lebte und arbeitete er bis 1904 in Meißen, danach bis zu seinem Freitod im Jahre 1926 in Berlin.

Aus der Vielzahl der grafischen Vorlagen wählte man zwölf Figuren aus und fertigte in relativ exakter Anlehnung an diese Vorlagen in den Jahren 1899 und 1900 eine in sich abgeschlossene Figurenserie, wobei bestimmte Traditionslinien der Meissener Manufaktur fortgesetzt wurden, denn Johann Joachim Kaendler, Peter Reinicke, Johann Friedrich Eberlein und Friedrich Elias Meyer hatten bereits im 18. Jahrhundert zahlreiche Figuren dieses Sujets gestaltet und damit das Figurenprogramm der Meissener Manufaktur geprägt. Orientierten sich die Künstler des 18. Jahrhunderts vor allem an den Vorlagen von Jacques Callot, Louis Riccoboni, Johann Jacob Wolrab und Antoine Watteau, so lehnte sich Maurice Sand in seinen Zeichnungen besonders an die Gestaltungen Nicolas Lancrets an.

Im Meissener Ausstellungskatalog zur Pariser Weltausstellung 1900 sind neben fünf Figuren aus dem 18. Jahrhundert auch acht Figuren nach Zeichnungen Maurice Sands abgebildet. Die weiteren zur Serie gehörenden vier Figuren sind zwar nicht abgebildet, d.h. jedoch nicht, dass sie nicht in Paris exponiert waren, denn sie konnten nach der Drucklegung des Kataloges fertig gestellt und nachgeliefert worden sein. Die gesamte Serie besteht aus folgenden Figuren: »Stenterello« von Arthur Lange, »Pagliaccio« von Alfred Otto Adelbert König, »Fritellino« von Julius Konrad Hentschel, »Coviello« von Paul Helmig, »Fiorinetta« von Sigmund Karl August Ringler, »Pulcinelo« von Albert Georg Eras und »Mezzetin«, »Isabella«, »Colombine«, »Arlequine«, »Pedrolino«, »Arlequino«, sämtliche von Romanus Andresen. Da man sich relativ exakt an die Vorlagen hielt, sind keine individuellen künstlerischen Gestaltungsunterschiede erkennbar, dennoch konnte die Manufaktur damals mit diesen Figuren sieben Meissener Porzellankünstler der internationalen Öffentlichkeit vorstellen, die noch mit weiteren Arbeiten in Paris vertreten waren. Dass Romanus Andresen als der »spiritus rector« dieser Figuren galt, ist daran ersichtlich, dass er selbst sechs Figuren, drei weibliche und drei männliche, gestaltete.

61 – 64 Figuren aus der »italienischen Komödie«, nach Maurice Sand

61 Mezzetin

62 Fiorinetta

63 Pagliaccio

64 Arlequine

Flüchtiger Zauber des Jugendstils

Der Jugendstil brachte für das Meissener Porzellanschaffen nicht nur eine Erneuerung der Gefäßformen und Dekorationen, sondern auch, formal wie inhaltlich, eine neue Auffassung von der modernen Kleinplastik. Die qualitativ besten Arbeiten im Sinne manufakturellen Fertigens entstanden offensichtlich durch die eigenen künstlerischen und kunsthandwerklichen Kräfte der Manufaktur, wobei akademisch ausgebildete Künstler wie auch »entwerfende Mitarbeiter« ohne eigentlichen Künstlerstatus gleichermaßen beteiligt waren. In den kleinplastischen Darstellungen realisierte sich relativ rasch ein stilsicherer und meissentypischer Gestaltungsrhythmus, der selbst im Moment der Ruhe, im Zusammenklang mit der nur Akzente setzenden farbigen Staffage, gleichsam Bewegung erfasst und ästhetisch zum Ausdruck bringt. Neben der Gestaltung von Kostümfiguren gemäß den Wünschen der Administration von 1896, »Mo-

delle von den neuesten Modedamen der Jetztwelt, wie sie in Berlin, Paris und in den vornehmen Badeorten anzutreffen sind« herzustellen, setzte sich die Gestaltung der weiblichen Aktfigur durch, eine absolute Neuheit, denn die Schönheit des nackten weiblichen Körpers durfte bis dahin nur allegorisiert, mythologisiert und antikisierend in Gestalt von Quellnymphen, Göttinnen oder Jahreszeiten dargestellt werden. 1902 erschien die Figur »Erblüht« von Walter Schott, 1903 eine Kombination von Aktfigur und Schreibschale von Arthur Lange (Form-Nr.: T 180) und der »Akt mit Spiegel« von Theodor Eichler (Form-Nr.: T 185), bei deren Gestaltung die »Olympia« von Édouard Manet ein wenig Pate stand. 1908/09 kreierte Martin Wiegand seine frechen Satyrgruppen (Form-Nr.: Z 122, Z 156, Z 179, Z 185), 1911 gestaltete Theodor Eichler seine nackte »Tänzerin« (Form-Nr.: B 256) und 1913 seinen »Akt mit Tuch« (Form-Nr.: D 225).

65 Weiblicher Akt mit Spiegel und Rose (»Nach dem Bade«)

66 *Links:* Dame im Kostüm, mit Tuch *Rechts:* Elegante Dame im Abendkleid, mit Fächer

Aus stiller Beobachtung geboren – Hentschels Kinderfiguren

Diese Kinderdarstellungen, vom Kleinstkind bis zum Teenager reichend, entstanden als lose Folge in den Jahren von 1904 bis 1907. Der 1872 in Meißen geborene Konrad Hentschel erlernte den Beruf des Modelleurs an der Meissener Manufaktur, studierte von 1891 bis 1893 an der Münchener Kunstakademie, arbeitete anschließend als Modelleur und studierte schließlich noch einmal von 1899 bis 1901 an der Dresdener Kunstakademie unter Robert Diez und Karl Heinrich Epler. Durch seine Studien und den Austausch mit seinem Bruder Rudolf, der ebenfalls in München und an der Académie Julien in Paris studiert hatte, war er mit den neuesten Stiltendenzen der zeitgenössischen Kunst bestens vertraut. Sein 1896 geschaffenes »Krokus«-Dejeuner im vollendeten Jugendstil erntete Lob und Anerkennung auf der Pariser Weltausstellung im Jahre 1900.

Mit der Berufung des Bildhauers Erich Hösel im Jahre 1903 zum Gestaltungsleiter an die Meissener Manufaktur setzte eine überaus kreative Entwicklungsphase des Meissener Jugendstilporzellans ein. Hösel galt als sehr aufgeschlossen gegenüber der zeitgenössischen Reformbewegung. Auf der Dritten Deutschen Kunstgewerbeausstellung 1906 in Dresden und auf der Ausstellung des Kunstgewerbemuseums Stuttgart im Jahre 1907 zeigte die Meissener Manufaktur einen überzeugenden Qualitätssprung hinsichtlich der Moderne. An dieser Entwicklung hatte Konrad Hentschel, dessen Leben leider bereits 1907 endete, wesentlichen Anteil, ebenso wie sein Bruder Rudolf (1869 – 1951), der betörende Porzellanmalereien geschaffen hat.

Diese nunmehr als »Hentschel-Kinder« bezeichneten Figuren wurden bereits zur Zeit ihres Entstehens als außergewöhnlich, als frappierend natürlich-liebenswert charakterisiert, wobei festgehalten wurde, dass sie keine »modern gekleideten Putten« waren und dass sie sich »selbst erklären«, d. h., dass sie frei von zeitbedingten moralisierenden Ansprüchen sind, mit denen Kleinplastiken der damaligen Zeit oftmals überfrachtet waren und sich im Bereich des Kitsches bewegten. Keines der Kinder erheischt fordernd oder kokett den Blick des Betrachters, sie sind mit sich selbst beschäftigt, sie tragen eine einfache, nicht herausgeputzte Kinderkleidung ihrer Zeit. Es sind alltägliche Kinder, feinfühlig beobachtet, im plastischen Detail gestrafft und mit Farbakzenten versehen, die diese Innerlichkeit nicht stören. Es sind Kinder aus Hentschels näherem Umfeld gewesen, denn sein Bruder Rudolf gestaltete in einer Radierung aus der Zeit »um 1908« einen Reigen von zwölf Kindern in einem Garten auf dem Meissener Schottenberg, die verschiedene Parallelen zu den plastischen Kinderfiguren seines Bruders aufweisen.

Interessanterweise sind diese Kinderfiguren die einzigen Gestaltungen aus der Zeit des Jugendstils, die noch heute von den Liebhabern des Meissener Porzellans akzeptiert und gewünscht werden. Absichtsvoll weitergeführte Kinderfiguren, die nach dem Tode Konrad Hentschels entstanden, weisen schon nicht mehr diesen anrührenden Grad der sensiblen und verinnerlichten Gestaltung auf.

67 Kind mit Zeitungsmütze, auf einem Holzpferd reitend (Ausschnitt)

folgende Seite:
68 »Hentschel-Kinder«
1. von links: Sitzendes Kind mit einem aus einer Schüssel saufenden Hund
2. von links: Kind mit Zeitungsmütze, auf einem Holzpferd reitend
3. von links: Sich bückendes Mädchen mit Puppe an einem Puppenwagen
4. von links: Mädchen mit einer Katze in den Armen, auf einem Bänkchen sitzend
5. von links: Sitzendes Kind mit Bilderbuch (Szenen aus dem »Struwwelpeter« von Heinrich Hoffmann)
6. von links: Stehendes Kind, aus einer Zwiebelmustertasse trinkend

Erich Hösels Verdienste um Erbe und Gegenwart

Ernst Barlach, der zusammen mit Erich Hösel an der Dresdener Kunstakademie bei Robert Diez studierte, sagte einmal über seinen Studienkollegen: »Hösel war ein waschechtes Genie, das einzige von uns allen.«
Was ist von diesem geniehaften Talent geblieben? Wurde es im administrativen Räderwerk der Manufaktur verschlissen? Vierunddreißigjährig kam der akademisch ausgebildete Bildhauer 1903 an die Meissener Manufaktur und sein künstlerisches Schaffen sollte auf zwei Ebenen wirksam werden. Er beschäftigte sich intensiv mit der aktenkundigen und kritischen Aufarbeitung des Formenerbes aus dem 18. Jahrhundert. In einem Bericht von Hertha Hösel heißt es dazu: »Erstens waren viele übel heruntergewirtschaftete Formen wieder einwandfrei zu erneuern und zugleich die außer Gebrauch gekommenen wieder herbeizuziehen...«

Diese praktische Erberezeption kann für den reproduktiven Fortbestand der Gestaltungen des 18.Jahrhunderts nicht hoch genug bewertet werden, denn während der Zeit des Historismus waren viele Plastiken »verschönt« worden. Trotz dieser jahrzehntelang währenden Arbeit schuf Erich Hösel mehr als 100 plastische Arbeiten, die ihn als feinsinnigen Tierbildner und interessierten Völkerkundler ausweisen. Er gilt als wesentlicher Förderer vieler junger Künstler, die mit ihren Arbeiten den Beweis erbrachten, dass Meißen zur kreativen Erneuerung fähig ist und nicht nur vom klassischen Erbe zehrt. In einem Beitrag der Zeitschrift »Die Kunst« aus dem Jahre 1913 heißt es: »Immerhin: die senilen Symptome, die noch vor einem Lustrum an der Manufaktur zu entdecken waren, scheinen heute völlig verschwunden. Sie trägt ihren Kopf wieder hoch, und mit bedächtiger Schnelle tritt sie den Gang an in ihr drittes Jahrhundert.«

69 Silberfuchs

70 Ziegenböckchen auf umgeworfener Milchschüssel

71 Indianer im Feder-
schmuck, tanzend

72 Indischer Elefant

Von des Tieres Seele

Begehrte man im 18. Jahrhundert die monumentale, kraftvolle und dekorative Tierplastik, so waren im 19. Jahrhundert die tierplastischen Darstellungen nahezu bedeutungslos. Die Hinwendung zur sensibel gestalteten Tierplastik zu Beginn des 20. Jahrhunderts stellte einen signifikanten Reflex auf eine gesellschaftliche Entwicklung dar, die zunehmend als zerstörerisch empfunden wurde und Ausdruck einer verinnerlichten Suche nach Harmonisierung war, nach dem »Unteilbaren Sein«, wie es der Maler der blauen und roten Pferde, Franz Marc, einst formulierte. Die Meissener Tierplastiker bevorzugten ab etwa 1903 die neuartigen Scharffeuerfarben mit ihrer nahezu »körperwarmen« und weich verfließenden Farbigkeit und ab 1918 das braune Böttgersteinzeug mit seinen sanften Lichtreflexen. Zumeist dominierte eine feinfühlige Darstellung der Tierseele, das Erfühlen des Wesens der Tiere, eingefangen in konzentrierten Formfindungen, frei von nebensächlichen plastisch-dekorativen Effekten, wie in

einer behutsamen Annäherung, um das Tier nicht zu erschrecken, nicht zu verschrecken. Endlich wurde das Tier in seiner ursprünglichen Kreatürlichkeit begriffen! Es entstanden Einzeltierdarstellungen und Tiergruppen in typischen Verhaltenssituationen, Mensch-Tier-Beziehungen und teilweise auch anekdotisch geprägte Tierplastiken. Herausragende Tierbildner dieser Zeit waren Erich Hösel, Paul Walther, Rudolf Löhner, Otto Jarl, Otto Päßler bis hin zu August Gauls Abformungen und Max Essers sublimen Tierporträts.

73 *Links:* Rhesusaffe mit Geige
Rechts: Schimpanse mit Klarinette

75 Großer Paradiesvogel

76 Genetten-Gruppe
(Afrikanische Schleichkatzen)

77 Kakadu an Schale

78 Teile aus dem Tafelaufsatz »Reineke Fuchs«
1. von links: Fischotter
2. von links: Blumenschale mit Weintrauben, obenauf Vogel
3. von links: Elster

Die berühmte Tänzerin Loïe Fuller

Im Formenverzeichnis der Manufaktur wird die Modellnummer B 255 lakonisch als »Tänzerin« bezeichnet.
Die amerikanische Tänzerin Loïe (Marie Louise) Fuller (1862–1928), die am 5. November 1892 in den Pariser Folies-Bergère ihr Debüt gegeben hatte und seit der Pariser Weltausstellung 1900 ein eigens für sie erbautes Tanztheater besaß, sorgte mit ihren völlig neuartigen und überaus effektvollen Schleiertänzen und Lichtarrangements für Aufsehen. Die Uraufführung der Inszenierung des Licht-Balletts »La Tragédie de Salomé« fand am 9. November 1907 im Théâtre des Arts in Paris statt. Sie inszenierte das Stück als »tänzerisch bewegtes Drama, in dem das Gegenspiel von Körper und Unkörperlichem, von Macht und Ohnmacht des Begehrens, von Sinnlichkeit und Spiritualität durch die Synästhesie von Farbe, Licht und Bewegung zur Erscheinung kam.«[18] Ihr erster Auftritt als Salome erfolgte im »Danse des perles«, sie schmückte sich dabei mit den Perlen der Herodias, die sie tanzend um sich wand. Mit diesem Ballett gab sie ein Beispiel ihrer Lichtszenographie – ein abendfüllendes Tanzdrama nach ihrem eigenen ästhetischen Konzept.
Der Bildhauer und Meissener Porzellanplastiker Karl Theodor Eichler (1868–1946) befand sich von 1906 bis 1907 zu Studienzwecken in Paris und es ist zu vermuten, dass er vielleicht eine dieser Salome-Aufführungen von Loïe Fuller direkt erlebt hat. In seiner Plastik aus dem Jahre 1911 flocht er die erwähnte Perlenkette der Tänzerin ins Haar, die goldfarbene Gestaltung der Tanzfläche orientiert auf den kostbaren Fußboden im Palast des Herodes und die absichtlich farbfreie Situation von Körper und Gewand assoziiert die farbige Lichtgestaltung der Aufführung.
Eichler hätte der Künstlerin unter Umständen auch im Dezember 1901 bei ihrem Gastspiel am Dresdener Hoftheater begegnen und die Bronzeserie der Statuetten »Danse serpentine« von Rupert Carabin auf der Internationalen Kunstausstellung 1901 in Dresden bewundern können. 1907 schuf Eichler fünf Figuren von »Pariserinnen« mit den Formennummern X 171, X 183, Y 109, Y 110 und Y 111, wobei letztere eine Cancantänzerin darstellt. 1908 gestaltete er zwei Figuren der russischen Tänzerin Anna Pawlowa (Form-Nr.: Y 193 und Y 195), im gleichen Jahr eine nicht identifizierbare Tänzerin mit der Formnummer Y 194 sowie die Büste der Solotänzerin der Dresdener Hofoper Frida Hess (Form-Nr.: Y 196). 1911 entstand die erwähnte Figur der Loïe Fuller sowie eine nicht identifizierbare Tänzerin (Form-Nr.: B 256) und eine »Pariserin« (Form-Nr.: B 262). 1914 gestaltete er mit der Formnummer E 247 nochmals eine Tänzerinnen-Figur.
Loïe Fullers Darstellungsweisen gaben Sujets für viele berühmte Künstler wie z.B. Henri Toulouse-Lautrec, Thomas Theodor Heine, Ferdinand von Reznicek, Bernhard Hoetger, Rupert Carabin, Raoul Larche, Théodore Rivière, George de Feure, Manuel Orazzi, Pierre Roche und Charles Sykes (Kneeling Lady, 1934, als Kühlerfigur für Rolls Royce). Anatole France schrieb das Vorwort zu den 1908 erschienenen Memoiren der Tänzerin »Quinze Ans de ma Vie«.
Karl Theodor Eichler, der etwa 70 Plastiken für die Meissener Manufaktur gestaltete, kann als der herausragendste Künstler des Jugendstils im Meissener Porzellan bewertet werden.

79 Tänzerin (Loïe Fuller)

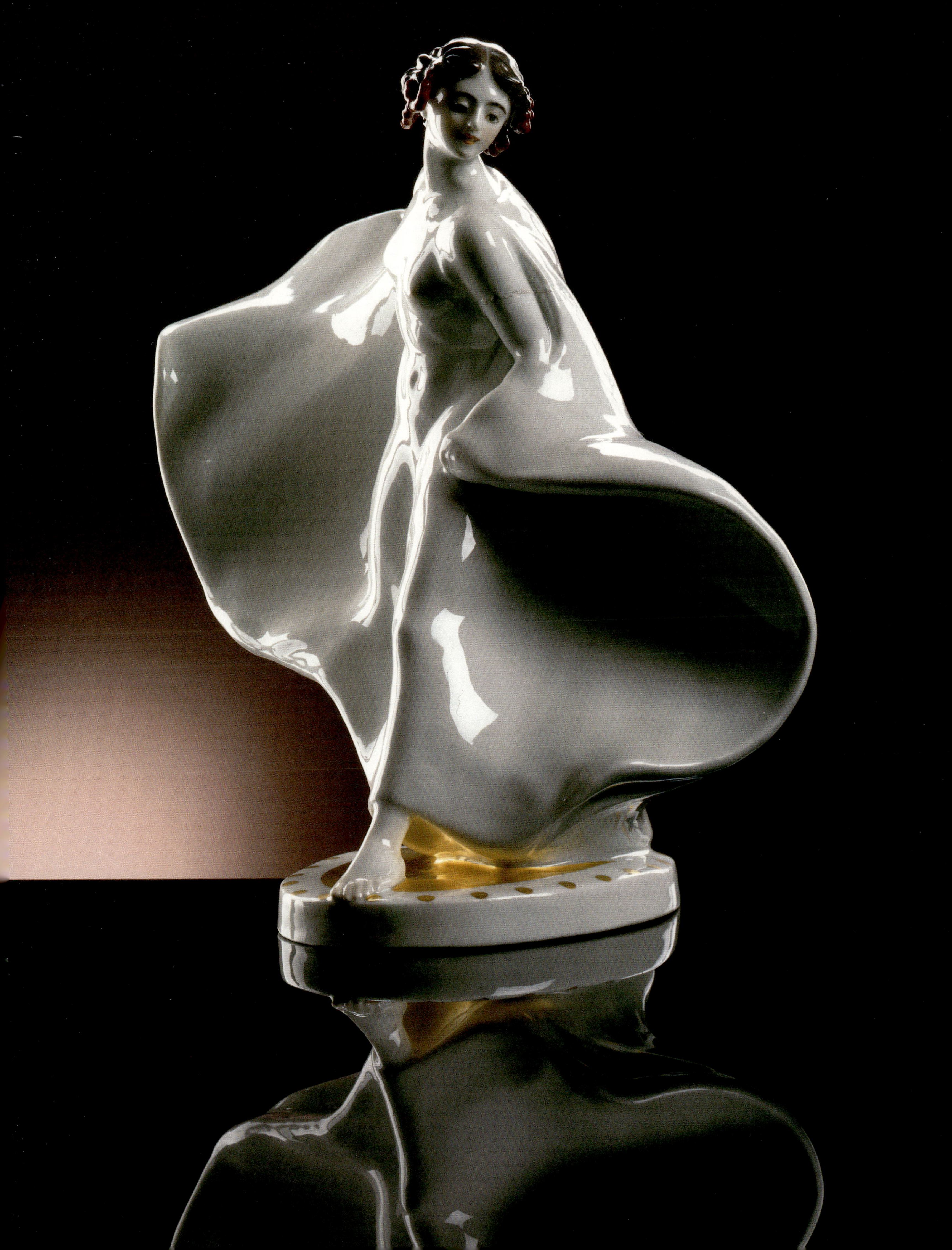

Paul Scheurichs drei Masken und drei Charaktere auf der Suche nach der Liebe

Der kultur- und kunsthistorische Hintergrund für die »Figuren aus dem Russischen Ballett« Paul Scheurichs ist einerseits die zeitgenössische und vorbildhafte künstlerische Darstellungsweise der Ballettinszenierung »Karneval« durch Sergei Diaghilews »Ballets russes« und andererseits die spezifische Lebenssituation Robert Schumanns: die Suche nach dem Glück der Liebe im Widerstreit der Gefühle und Lebensbedingungen, der Kampf der Gegensätze, die Balance zwischen Melancholie und Freude, Sieg und Niederlage.

Paul Scheurich dürfte die künstlerische Grundidee des Schumannschen Klavierzyklus op. 9 »Carnaval. Scènes mignonnes composées pour le Pianoforte sur quatre notes«, bestehend aus 21 Stücken, bekannt gewesen sein, denn er gestaltet mit seinen Figuren wesentliche Aspekte des musikalischen Inhalts der Komposition. Er wurde durch die Ballettinszenierungen zweifellos inspiriert, ohne jedoch einer puren Nachgestaltung zu erliegen. Scheurichs künstlerisches Anliegen wird deutlich, wenn man seine Figuren zueinander in Beziehung setzt und damit einen inneren Zusammenhang findet, der mit Schumanns subjektiver Lebenssituation zum Zeitpunkt des Entstehens der Klavierkomposition im Kontext steht. Aus den neun agierenden Figuren der Ballettinszenierung wählte Scheurich sechs Figuren aus, die ihm offenbar für die Darstellung seines künstlerischen Anliegens besonders wichtig erschienen. Es sind drei »Charaktere« aus Schumanns eigenem aktuellen Lebensmilieu und drei »Masken«, die im Sinne der alten Commedia dell'arte deren Leben auf der Bühne widerspiegeln. Die drei »Charaktere«, also Personen, die sich noch frei entscheiden können, sind die liebreizende »Chiarina«, hinter der sich das junge Mädchen Clara Wieck verbirgt; »Estrella«, Schumanns Verlobte Ernestine von Fricken und »Eusebius«, das Alter Ego Robert Schumanns als liebesuchender Träumer und Poet. Die drei »Masken«, also feststehende Typen, sind die lebenslustige »Columbine«, der draufgängerische, vitale »Harlekin« und der wehmütig-unglückliche »Pierrot«, die beide um die Liebe der »Columbine« werben. Robert Schumann selbst stand damals vor der Entscheidung zwischen Ernestine von Fricken und Clara Wieck, seiner späteren Frau. Die Konstellation der Figuren erinnert an das Kompositionsprinzip des »Carnaval« auf vier Noten, nämlich »a-s-c-h« und »s-c-h-a«. Es handelt sich hierbei um eine Spielerei mit dem Ortsnamen Asch, dem Geburtsort Ernestines, und die komponierbaren Lettern des Schumann'schen Namens. Schumann schrieb dazu: »Nur einige Worte über die Composition, die ihre Entstehung einem Zufall verdankt. Der Name eines Städtchens, wo mir eine musikalische Bekanntschaft lebte, enthielt lauter Buchstaben der Tonleiter, die gerade auch welche meines Namens waren…« Schumann komponierte den Klavierzyklus 1834/35, er schreibt darüber: »Ein Stück ward nach dem anderen fertig und das gerade zur Karnevalszeit 1835, überdies in ernster Stimmung und eignen Verhältnissen…« 1837 erschien die Komposition bei Breitkopf & Härtel in Leipzig, angezeigt war sie bereits 1836 in der »Neuen Zeitschrift für Musik« unter dem Titel »Fasching. Schwänke auf vier Noten, von Florestan«. Schumann gestaltete ein »visionäres, traumhaftes Marionettenspiel, in welchem die Empfindungsinhalte, die seelischen Ausbrüche in sublime Form gefaßt sind«.

Auf die Darstellung von »Florestan«, »Papillon« und »Pantalon« hat Scheurich bewußt verzichtet, da es ihm um eine innere Befindlichkeit ging.

80 Harlekin und Columbine (Ausschnitt)

folgende Seite:
81 Figuren aus dem »Russischen Ballett«
1. von links: Eusebius
2. von links: Chiarina
3. von links: Estrella
4. von links: Harlekin und Columbina
5. von links: Pierrot

Vom Tagewerk der Porzelliner

Der im Jahre 1868 in einem Vorort von Meißen geborene Bildhauer und Porzellanplastiker Karl Theodor Eichler setzte im Jahre 1919 den Meissener Porzellinern in Gestalt von elf Kleinplastiken ein einmaliges »Denkmal«, in dem er ihre tagtägliche Arbeit realistisch und betont sachlich darstellte. Der konkrete Anlass zu diesen Figurengestaltungen war der 200. Todestag von Johann Friedrich Böttger, wobei infolge der damaligen gesellschaftlichen Situation nur eine kleine Gedenkveranstaltung in Dresden stattfand. Eichler schuf jedoch kein Denkmal des Porzellanerfinders, kein Medaillon, keine Büste oder gar eine historisierende Gruppe, er zeigt vielmehr – und das ist das Originelle –, wie die Erfindung Böttgers durch die traditionsreiche Arbeit der Porzelliner weiterlebt, wie Meissener Porzellan zu Eichlers Zeit gefertigt wurde. Dabei berücksichtigt der Künstler alle wesentlichen Arbeitsbereiche der Manufakturisten und bewertet deren Tätigkeiten offensichtlich gleichberechtigt, wohl wissend, dass die Meissener Porzellane nicht schlechthin die Werke einzelner Künstler sind, sondern dass sie nur als Gemeinschaftswerk entstehen können. Eichler ist damit der einzige Künstler in der Manufakturgeschichte, der im Stil seiner Zeit die Arbeit der Porzelliner bildkünstlerisch gestaltete. Mit Humor und Feingefühl integrierte er verschiedene Arbeiten seiner Künstlerkollegen aus Vergangenheit und Gegenwart in seine Figurengestaltungen, wobei auch zwei von ihm selbst geschaffene Modelle eine Rolle spielten: So arbeitet z. B. der Modelleur an seiner Figur »Tänzerin« (Form-Nr.: B 255, Modelljahr. 1911) und der Einleger stellt seine »Dame mit Umschlagtuch« (Form-Nr.: A 281, Modelljahr: 1910) in eine Schamotte-

82–92 Manufakturisten-Figuren

82 Massefahrer/Masseträger

83 Chemiker/Farbenmischer

84 Modelleur
85 Einleger/Kapseleinleger
86 Dreher
87 Blaumaler/Zwiebelmustermaler
88 Maler/Blumenmaler
89 Goldmaler
90 Brenner
91 Geschirrträger
92 Verkäuferin/Lageristin

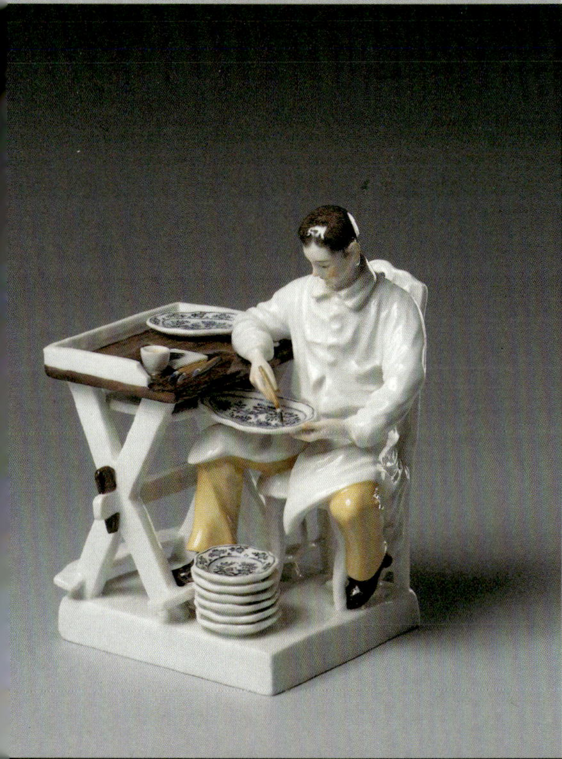

Brennkapsel. Im Geschirrkasten des Geschirrträgers begegnet man der »Dame mit Umschlagtuch« noch einmal. Darüber hinaus befinden sich im Geschirrkasten zwei Figuren von Erich Hösel, und zwar das »Ziegenböckchen mit umgeworfener Schüssel« (Form-Nr.: V 107,, Modelljahr: 1907) und der »Kragenbär« (Form-Nr.: V 112, Modelljahr: 1905). Erich Hösel war seit 1903 Gestaltungsvorsteher, seit 1912 Gestaltungsdirektor. Er galt als wesentlicher Förderer der modernen Porzellanplastik. Weiterhin befinden sich die Figuren »Schlittenfahrt« (Form-Nr.: B 236, Modelljahr: 1911) und »Tanzende Japanerin« (Form-Nr.: D 272, Modelljahr: 1913), beide von Alfred König, sowie der »Bartgeier« (Form-Nr.: U 184, Modelljahr: 1904) von Paul Walther in diesem profanen Geschirrkasten. Auf der Ablage neben der Figur des Geschirrträgers befindet sich der »Eisvogel an Ascher« (Form-Nr.: U 183, Modelljahr: 1904), ebenfalls von Paul Walther. Die Künstlerkollegen Erich Hösel, Paul Walther, Alfred König und Theodor Eichler selbst sind innerhalb dieser Manufakturistenfiguren überaus gleichberechtigt mit jeweils zwei Plastiken vertreten, die alle zwischen 1904 und 1913 geschaffen worden sind und den Zeitraum der Erneuerung der Meissener Plastiken kennzeichnen. Der Maler dekoriert eine große Krater-Vase mit einer umlaufenden reichen Blumenmalerei, eine Vasenform, die 1865 von Ernst August Leuteritz, dem berühmten Gestaltungsleiter des ausgehenden 19. Jahrhunderts, geschaffen worden ist. Auf der Pariser Weltausstellung 1867 war sie in dieser malerisch dekorierten Version erstmals ausgestellt; heute befindet sich diese Vase in der »Schauhalle«, dem Porzellanmuseum der Manufaktur. Mit diesem Hinweis auf Leuteritz orientierte Eichler augenscheinlich auf die Dresdener Kunstakademie, an der übrigens beide ihre Bildhauerausbildung erhalten hatten. Im Geschirrbereich stellt Eichler das »Zwiebelmuster« vor, die wohl bekannteste und sicherlich auch populärste Dekoration der Meissener Manufaktur. Trotz einer unmissverständlichen Sachlichkeit, vernachlässigt Eichler nie das Detail und die Plastizität des Porzellans, ohne jedoch in den Bereich des Kitsches zu gelangen.

93 Schlafende Vagabunden

Die Meissener Arbeiten von Ernst Barlach (1870 – 1938) und Gerhard Marcks (1889 – 1981) – wie die vieler anderer Künstler auch – stehen in ursächlicher Beziehung zu Max Adolf Pfeiffer (1875 – 1957) und seinen »Schwarzburger Werkstätten für Porzellankunst« im thüringischen Unterweißbach.

Mit der Gründung des Deutschen Werkbundes 1907 begann die »Suche nach neuer Harmonie und neuer ästhetischer Klarheit« in allen Lebensbereichen, Grundsätze, die sich auch in den Zielen des 1919 von Walter Gropius (1883 – 1969) in Weimar gegründeten Bauhauses widerspiegeln. Von 1909 bis 1913 leitete Max Adolf Pfeiffer diese künstlerischen Werkstätten nach dem Gesichtspunkt, »daß jede Kunst Eigenes aus ihrer Zeit heraus schaffen müsse«, wobei die Gestaltung von Porzellan »eine sehr ernsthafte Sache, eine Lebensaufgabe, wie sie größer und schöner nicht zu denken ist«. In seinen Werkstätten sollten »echte wahre Kunstwerke entstehen«, die »weiten Volkskreisen den Besitz und den Genuß plastischer Kunst ermöglichen und ein eindringliches Kunst-

Max Adolf Pfeiffers Visionen, »hervorgegangen aus der Freude an dem schönsten Werkstoff…«

erleben auf breitester Basis« vermitteln. Pfeiffer initiierte frühzeitig Arbeiten von Ernst Barlach, Gerhard Marcks, Max Esser, Richard Scheibe sowie Paul Scheurich und legte damit den Grundstein für deren plastisches Schaffen in Porzellan.
Ab 1. April 1913 wurde Max Adolf Pfeiffer kaufmännischer Direktor an der Königlichen Porzellan-Manufaktur Meissen, ab 1. November 1918 war er als leitender Direktor und ab 24. November als Generaldirektor der nunmehr Staatlichen Porzellanmanufaktur tätig.
Die »Schlafenden Vagabunden« von Ernst Barlach wurden im Dezember 1922 in weißem Porzellan gefertigt, im April 1923 begann die erste Ausformung in »Böttgersteinzeug«. Diese keramischen Versionen beruhen auf einer bereits im Jahre 1912 gefertigten Holzplastik. Das Modell der Plastik »Schwebender Gottvater« kam im April 1922 an die Manufaktur, ab April 1923 erfolgten die Ausformungen ausschließlich in »Böttgersteinzeug«. Diese Plastik entstand in Anlehnung an die 1920 geschaffene Holzschnittfolge »Die Wandlungen Gottes«. Das unmittelbare Vorbild, der Holzschnitt »Der erste Tag«, zeigt Gottvater schwebend inmitten des unruhig bewegten Raumes, den seine »strahlensendenden Schöpferhände« gerade erschaffen.
Gerhard Marcks schätzte in besonderer Weise das glasierte und undekorierte Porzellan, er bewertete es höher als Bronze und meinte, bei Bronze, Stein und Terrakotta könne man formale Schwächen vertuschen, aber Porzellan sei unerbittlich. Die beiden »Leuchterreiter«, als gegenüberstehendes Paar konzipiert, entstanden 1919 in weißem Porzellan, der »Leuchterreiter« in Böttgersteinzeug 1920. Die »Schreitende Nachtwandlerin«, 1919 gefertigt, war für beide Materialien vorgesehen. Nachweislich besuchte Gerhard Marcks zweimal die Manufaktur, um die unmittelbaren Ausformungen seiner Arbeiten zu begleiten.
Auch Ernst Barlach bevorzugte das harte, kristalline Weiß des Porzellans, überließ aber schließlich die Auswahl der Materialien der Manufaktur. Er selbst war nie dort, bei der Ausführung und Überarbeitung seiner Stücke vertraute er dem Geschick Max Essers, der zwischen 1921 und 1926 freischaffend für die Manufaktur arbeitete.
Obwohl sich Max Adolf Pfeiffers demokratische Rezeptionsvorstellungen nicht realisierten, verdankt die Meissener Manufaktur seinen Visionen etliche bezaubernde und zutiefst berührende Plastiken im Stile der damaligen Zeit.

94 Leuchterreiter

Alexander Strucks heitere Figurenwelt

Ab 1918 war der 1902 in Meißen geborene Alexander Struck in der Manufaktur als Modelleur und Bossierer tätig. Ende der dreißiger Jahre besuchte er kurzzeitig die Dresdener Kunstgewerbeschule und betrieb Naturstudien im Dresdener Zoo. Ab 1939 entstand eine Vielzahl von Tierplastiken und liebenswerten Figuren aus der Welt der Literatur und des Films, wie z. B. »Fips, der Affe« nach Wilhelm Busch (Modelljahr 1939), »Eulenspiegel, auf einem Bücherstapel sitzend« (Modelljahr 1941), »Münchhausen auf der Kanonenkugel« (Modelljahr 1946), wobei er sich von der Darstellung Hans Albers im Film »Münchhausen« von 1943 anregen ließ; »Hans im Glück« (Modelljahr 1948). Im Jahre 1950 gestaltete er die Figur des »Schneider Wibbel«. Die Figur basiert auf der gleichnamigen Komödie von Hans Müller-Schlösser (1884 – 1956), die am 14. Juli 1913 im Düsseldorfer Schauspielhaus uraufgeführt wurde. Paul Henckels spielte die Hauptrolle und führte auch Regie, ebenso in der Verfilmung aus dem Jahre 1931.

Der Schauspieler Erich Ponto (1884 – 1947) war ab 1912 am Düsseldorfer Stadttheater engagiert und kannte natürlich das Stück und die Inszenierung. 1914 kam Erich Ponto an das damalige Dresdener Hoftheater und am 4. März 1916 erfolgte die erste Dresdener Aufführung dieser Komödie; er spielte die Titelrolle, Alice Verden seine Frau Fin. Das Stück war bis 1924 regelmäßig im Spielplan.

Am 12. Mai 1938 erfolgte im Opernhaus Unter den Linden in Berlin die Uraufführung der gleichnamigen Oper (Libretto: Hans Müller-Schlösser; Musik: Mark Lothar).

Am 14. Juli 1938 wurde die Komödie am Dresdener Staatsschauspiel neu inszeniert, wieder spielten Ponto und Verden die Hauptrollen. Bis 1944 stand das Stück regelmäßig auf dem Spielplan.

Im Jahre 1939 kam es zu einer zweiten Verfilmung des »Schneider Wibbel«, in der Erich Ponto die Hauptrolle, seine einzige Filmhauptrolle, spielte; Regie führte Victor de Kowa, ein Schüler Erich Pontos.

1932 stand die Komödie übrigens auch auf dem Spielplan des Meißener Stadttheaters.

Vermutlich empfing Alexander Struck Anregungen zur Gestaltung dieser Figur durch den Film bzw. durch die Theateraufführungen in Dresden und Meißen. Vergleichende Betrachtungen ergaben, dass er mit Sicherheit die Physiognomie des beliebten Volksschauspielers Erich Ponto verarbeitet hat. Eine erste Tonskizze zur Figur entstand übrigens bereits Anfang der vierziger Jahre. Ursprünglich war die Figur des »Schneider Wibbel« mit einer Brille konzipiert.

Scheurichs Arbeiten hatten für Struck Vorbildcharakter; seine Figuren können als »volkstümlich« im positiven Sinne bewertet werden. Alexander Struck verstarb 1990 in Meißen.

95 Schneider Wibbel

Grenzen aus- und überschreiten

Peter Strang, 1936 geboren, an der Manufaktur als Bossierer ausgebildet und ein Jahr in diesem Beruf tätig, ab 1955 Studium an der Hochschule für Bildende Künste Dresden mit Abschluss als Diplom-Plastiker 1960 und Rückkehr zur »Porzelline«, ist einer derjenigen Porzellanplastiker, der mit am längsten ununterbrochen für die Manufaktur künstlerisch tätig ist, der zweifellos die umfassendsten praktischen Erfahrungen im Umgang mit dem Material besitzt, der die bislang bekannten Grenzen der Gestaltbarkeit des Meissener Porzellans aus- und überschreitet und offenbar der Unbegrenztheit alle Tore öffnet, wenn diese die sensible, verantwortungsvolle und kommunikative Subjektivität des Künstlers wahrhaft ist.

Den Ausgangspunkt seines »meissnischen« und »markenzeichengeschützten« Tuns findet er in der Wirklichkeit seiner Zeit und in der begrenzten Einmaligkeit seines Lebens, erfahren als widerspruchsvolle Pole, jenes Spannungsfeld erzeugend, aus dem seine plastischen Gebilde erwachsen – Figuren, Reliefs, Objekte, zunehmend mit eigenen farbigen Gestaltungen versehen –, gekennzeichnet vor allem von Lust am Leben und Lust auf Leben, motiviert durch die Freude am Experiment, durchdrungen von kritischem Optimismus und hervorbrechend durch das bewusst geschaffene Gegensätzliche, im Sinne von Etwas dagegensetzen, nämlich das unbedingte eigene Ich: gegen Erstarrung, Festschreibung, Intoleranz und Ignoranz. Denn besonders auf dem Gebiete des Porzellans wissen viele alles besser, setzen eigene Grenzen als Maßstab, jener ist aber niemals seiner, sollte es nie sein. Seine ihm gegebenen Ausdrucksmöglichkeiten sind die verführerische Plastizität des Materials in Verbindung mit den keramtechnischen Besonderheiten, das betörende Spiel des Lichtes und die optischen Reize der Farbe, im Widerspruch vereint, weil zum Ganzen geworden, dem wir uns geistig und emotional nähern können, um an dieser Lust am Leben teilzuhaben, Formen, Licht und Farbe in uns aufnehmend, glückhaft eigenes Leben bereichernd.

Kapriziöses, Aufbrechendes, Kleines und Riesiges, Kantiges wie Weiches, Verspieltes und Beschwörendes kennzeichnen seine Arbeiten, zwar chronologisch entstanden, aber nicht linear zu erfassen, weil situativ aufbrechend als vehemente Reaktionen. Auch beauftragte gefällige Artigkeiten, unverzeihlich sicher, aus späterer Sicht beckmesserisch zu bewerten, wäre der Oberflächlichkeit geschuldet, innerhalb eines derart umfangreichen und vielgestaltigen Werkes, das momentan noch nicht überschaubar ist, weil weltweit verbreitet. Die Kenner seiner Arbeiten lieben Porzellan, das Meissener von Peter Strang, eben das andere, das individuell Unvergleichliche. Es sind vor allem Porzellane, die längst den Bereich der angewandten Kunst verlassen haben und als freie Plastiken der bildenden Kunst zuzuordnen sind. Das künstlerische Werk des Peter Strang harrt der Aufarbeitung, Wertung und Zuordnung in die moderne Kunst des ausgehenden 20. Jahrhunderts.

96 »Die Hochzeit des Mackie« (Ausschnitt)
1. von links: Gauner, mit Glas
2. von links: Polly
3. von links: Mackie
4. von links: Pfarrer
vorn: Tisch
im Hintergrund: Vorhang-Leuchter, groß bzw. klein

97 Oberon

98 »Der Sammler« (nach dem Film »Utz« mit Armin Mueller-Stahl)

folgende Seite:
99 Musicalclowns
1. von links: Clown mit Gitarre (d. i. Rudi Stolle)
2. von links: Clown mit Saxophon (d. i. Peter Strang)
3. von links: Clown mit Harmonika (d. i. Heinz Werner)
4. von links: Clown mit Trommel (d. i. Volkmar Bretschneider)
5. von links: Clown mit Geige (d. i. Ludwig Zepner)

Mit den Künstlern ins nächste Jahrhundert

Jörg Danielczyk (geb. 1952), Silvia Klöde (geb. 1956) und Olaf Fieber (geb. 1966), die Vertreter der nachfolgenden Künstlergeneration, gehen längst ihre eigenen, frei bestimmten, unreglementierten Wege im Bereich der Meissener Plastiken. Alle drei verfügen über eine hervorragende handwerklich-praktische Basis, erworben während ihrer Ausbildungszeit in der Manufaktur, die sie in Verbindung mit ihren subjektiven künstlerischen Intentionen spielerisch, intelligent und souverän einsetzen können.

Ihre Arbeiten enthalten Experimentelles, Nachdenkliches, Berührendes, Verspieltes, Dekoratives, Provozierendes, mit einem Wort: Neues innerhalb des Meissener Porzellanschaffens, auf alle Fälle freie Plastiken, die nicht (mehr) in Vitrinen gefangen gehalten werden können.

Jeder der drei Künstler verfügt über eine eigene, unverwechselbare Handschrift, allerdings bleibt die Subjektivität der Persönlichkeit – wie so oft bei Meissener Künstlern – im Bereich des zuwenig Bekannten. Man möchte mehr über das Leben der Künstler in Erfahrung bringen, wenn man mit den Plastiken schließlich jahrelang, eigentlich lebenslang »zusammenlebt«. Natürlich kann man auch über die Objekte manch Interessantes zu Ansichten, Vorlieben und Tendenzen erfahren, dennoch bleibt, zumindest für den Autor, der Wunsch nach mehr Öffentlichkeit, damit sie nicht »nur« die Meister des »kleinen Genres« bleiben, wie einst Kaendler im 18. Jahrhundert und so viele andere Künstler auch.

Mit ihnen wird die Zeit anbrechen (müssen), in der die facettenreiche und einmalige Persönlichkeit des Künstlers über dem traditionsreichen Markenzeichen stehen wird.

100 Dame mit Hut (ohne Leuchter)

101 *Mitte:* Narr mit roter Maske
Links: Narr mit Halbmaske
Rechts: Narr in Grün

102 *1. von links:* Ritter
2. von links: König
3. von links: Narr

folgende Seite:
103 *Rechts:* Der Seidenstrumpf
Links: Der Schönheitsfleck

Anhang

Objektbeschreibung

Schutzumschlag
Die gute Mutter (Ausschnitt)
Form-Nr.: E 69 (alt), 73450 (neu)
Modelljahr: 1774
Künstler: Michel Victor Acier
Staffage: Aufglasurfarbenmalerei
Objektdatierung: um 1850
Inventarnummer: 4448
Höhe: 21,5 cm
Breite: 16,0 cm
Tiefe: 12,5 cm
Herkunft: Schauhalle

1 Pfauhahn
Form-Nr.: 114 (alt)
Modelljahr: 1734
Künstler: Johann Joachim Kaendler
Material: Glasiertes Porzellan, weiß
Objektdatierung: 1922
Inventarnummer: 10814
Höhe: 108 cm
Breite: 91,0 cm
Herkunft: Schauhalle

2 Liegender Löwe
Form-Nr.: A 193 (alt)
Modelljahr: um 1732
Künstler: Johann Gottlieb Kirchner
Material: Glasiertes Porzellan, weiß
Objektdatierung: 1924–1934 (Weißstempel)
Inventarnummer: 3121
Höhe: 48,0 cm
Breite: 76,0 cm
Herkunft: Schauhalle

3 Fasan als Terrine
Form-Nr.: E 25 (alt)
Modelljahr: 1732
Künstler: Johann Joachim Kaendler
Staffage: Aufglasurfarbenmalerei
Objektdatierung: um 1860
Inventarnummer: 8054
Höhe: 45,3 cm
Breite: 38,0 cm
Herkunft: Schauhalle

4 Paduaner Hahn (Ausschnitt)
Form-Nr.: B 144 (alt), 76023 (neu)
Modelljahr: 1732
Künstler: Johann Joachim Kaendler
Staffage: Aufglasurfarbenmalerei
Objektdatierung: 1978
Inventarnummer: 17731
Höhe: 76,5 cm
Herkunft: Schauhalle

5 Mandelkrähe auf Stamm
Form-Nr.: 953 x (alt), 77135 (neu)
Modelljahr: 1735
Künstler: Johann Joachim Kaendler
Staffage: Aufglasurfarbenmalerei
Objektdatierung: 1924–1934
Inventarnummer: 2553
Höhe: 36,3 cm
Herkunft: Schauhalle

6 *Links:* Nashorn
Form-Nr.: 2332 (alt)
Modelljahr: um 1755
Künstler: unbekannt
Staffage: Aufglasurfarbenmalerei
Objektdatierung: um 1900
Inventarnummer: 2656
Höhe: 10,4 cm
Breite: 16,5 cm
Herkunft: Schauhalle
Rechts: Leopard, sitzend
Form-Nr.: 1194 (alt)
Modelljahr: um 1749
Künstler: unbekannt
Staffage: Aufglasurfarbenmalerei
Objektdatierung: 1924–1934
Inventarnummer: 8006
Höhe: 14,8 cm
Breite: 13,5 cm
Herkunft: Schauhalle

7 Stehender, tanzender Harlekin mit Weinkanne
Form-Nr.: 3025 (alt), 64551 (neu)
Modelljahr: 1764
Künstler: Johann Joachim Kaendler
Staffage: Aufglasurfarbenmalerei
Objektdatierung: 1995
Inventarnummer: ohne
Höhe: 23,5 cm
Herkunft: Verkaufssortiment

8 Galante Dame und Harlekin
Form-Nr.: 344 (alt), 64513 (neu)
Modelljahr: 1745
Künstler: Johann Joachim Kaendler
Staffage: Aufglasurfarbenmalerei
Objektdatierung: 1924–1934
Inventarnummer: 638
Höhe: 19,3 cm
Breite: 14,0 cm
Herkunft: Schauhalle

9 Harlekin und Colombina, tanzend
Form-Nr.: 553 (alt), 64525 (neu)
Modelljahr: 1744
Künstler: Johann Joachim Kaendler
Staffage: Aufglasurfarbenmalerei
Objektdatierung: nach 1934
Inventarnummer: 623
Höhe: 22,0 cm
Herkunft: Schauhalle

10 Figuren aus den Serien »Italienische Komödie«
1. von links: Gnaga
Form-Nr.: D 35 (alt), 64563 (neu)
Modelljahr: 1772
Künstler: Johann Joachim Kaendler
Staffage: Aufglasurfarbenmalerei
Objektdatierung: um 1935
Inventarnummer: 658
Höhe: 18,2 cm
Herkunft: Schauhalle
2. von links: Beltramo
Form-Nr.: 943 (alt), 64535 (neu)
Modelljahr: 1748
Künstler: Johann Joachim Kaendler
Staffage: Aufglasurfarbenmalerei
Objektdatierung: 1924–1934
Inventarnummer: 733
Höhe: 16,0 cm
Herkunft: Schauhalle
3. von links: Advocato
Form-Nr.: D 37 (alt), 64565 (neu)
Modelljahr: 1775
Künstler: Johann Joachim Kaendler
Staffage: Aufglasurfarbenmalerei
Objektdatierung: nach 1934
Inventarnummer: 661
Höhe: 18,0 cm
Herkunft: Schauhalle
4. von links: Advocato
Form-Nr.: 944 (alt), 64536 (neu)
Modelljahr: 1748
Künstler: Johann Joachim Kaendler
Staffage: Aufglasurfarbenmalerei
Objektdatierung: 1924–1934
Inventarnummer: 678
Höhe: 16,3 cm
Herkunft: Schauhalle

11 Japanerin mit zwei Kindern
Form-Nr.: 2472 (alt), 65527 (neu)
Modelljahr: um 1756
Künstler: Johann Joachim Kaendler, Peter Reinicke
Staffage: Aufglasurfarbenmalerei
Objektdatierung: 1924–1934
Inventarnummer: 897
Höhe: 12,0 cm
Breite: 10,5 cm
Herkunft: Schauhalle

12 Pagode mit Frau, nebst Drachenstab und Papagei
Form-Nr.: 741 (alt)
Modelljahr: 1746
Künstler: Johann Joachim Kaendler
Staffage: Aufglasurfarbenmalerei
Objektdatierung: 1924–1934
Inventarnummer: 983
Höhe: 33,0 cm
Breite: 31,0 cm
Tiefe: 20,5 cm
Herkunft: Schauhalle

13 *Links:* Japaner mit Kesselpauke
Form-Nr.: E 44 (alt), 65664 (neu)
Modelljahr: um 1760
Künstler: Friedrich Elias Meyer
Staffage: Aufglasurfarbenmalerei
Objektdatierung: um 1880
Inventarnummer: 924
Höhe: 14,0 cm
Herkunft: Schauhalle
Rechts: Japanerin mit Becken
Form-Nr.: E 45 (alt), 65565 (neu)
Modelljahr: vor 1760
Künstler: Friedrich Elias Meyer
Staffage: Aufglasurfarbenmalerei
Objektdatierung: um 1900
Inventarnummer: 921
Höhe: 13,5 cm
Herkunft: Schauhalle

14 Pagode mit Papagei und Fächer
Form-Nr.: 2877 (alt), 67063 (neu)
Modelljahr: 1761
Künstler: unbekannt
Staffage: Aufglasurfarbenmalerei
Objektdatierung: um 1890
Inventarnummer: 999
Höhe: 18,4 cm
Herkunft: Schauhalle

15 *Links:* Japanerin mit Fächer
Form-Nr.: 2671 (alt), 65642 (neu)
Modelljahr: 1759
Künstler: Johann Joachim Kaendler
Staffage: Aufglasurfarbenmalerei
Objektdatierung: um 1880
Inventarnummer: 959
Höhe: 16,0 cm

Herkunft: Schauhalle
Rechts: Japaner mit Hut
Form-Nr.: 2672 (alt), 65643 (neu)
Modelljahr: 1759
Künstler: Johann Joachim Kaendler
Staffage: Aufglasurfarbenmalerei
Objektdatierung: um 1880
Inventarnummer: 957
Höhe: 15,5 cm
Herkunft: Schauhalle

16 *Links:* Japanerin mit Fächer
Form-Nr.: 2671 (alt), 65642 (neu)
Modelljahr: 1759
Künstler: Johann Joachim Kaendler
Staffage: Aufglasurfarbenmalerei
Objektdatierung: 1924–1934
Inventarnummer: 960
Höhe: 16,0 cm
Herkunft: Schauhalle
Rechts: Japaner mit Hut
Form-Nr.: 2672 (alt), 65643 (neu)
Modelljahr: 1759
Künstler: Johann Joachim Kaendler
Staffage: Aufglasurfarbenmalerei
Objektdatierung: 1924–1934
Inventarnummer: 958
Höhe: 15,5 cm
Herkunft: Schauhalle

17 *Links:* Tänzer, mit Hut
Form-Nr.: 2292 (alt), 73235 (neu)
Modelljahr: um 1755
Künstler: vermutlich Friedrich Elias Meyer
Staffage: Aufglasurfarbenmalerei
Objektdatierung: 1924–1934
Inventarnummer: 6867
Höhe: 14,0 cm
Herkunft: Schauhalle
Rechts: Tänzerin
Form-Nr.: 2293 (alt), 73236 (neu)
Modelljahr: um 1755
Künstler: vermutlich Friedrich Elias Meyer
Staffage: Aufglasurfarbenmalerei
Objektdatierung: 1924–1934
Inventarnummer: 6873
Höhe: 14,0 cm
Herkunft: Schauhalle

18 Galantes, musizierendes Paar mit Mops (»Sofa-Gruppe«)
Form-Nr.: 304 (alt), 73023 (neu)
Modelljahr: 1737
Künstler: Johann Joachim Kaendler, Johann Gottlieb Ehder
Staffage: Aufglasurfarbenmalerei
Objektdatierung: 1949
Inventarnummer: 188
Höhe: 18,3 cm
Breite: 28,0 cm
Tiefe: 17,0 cm
Herkunft: Schauhalle

19 *Links:* Reifrockdame mit Fächer
Form-Nr.: 550 x (alt), 73069 (neu)
Modelljahr: 1744
Künstler: Johann Joachim Kaendler
Staffage: Aufglasurfarbenmalerei
Objektdatierung: 1910 (Jubiläumsmarke 1710–1910)
Inventarnummer: 192
Höhe: 20,7 cm
Breite: 24,5 cm
Tiefe: 16,3 cm
Herkunft: Schauhalle
Rechts: Galanter Herr mit Ordensband und Schnupftabakdose
Form-Nr.: 550 (alt), 73068 (neu)
Modelljahr: 1744
Künstler: Johann Joachim Kaendler
Staffage: Aufglasurfarbenmalerei
Objektdatierung: 1924–1934
Inventarnummer: 9892
Höhe: 22,0 cm
Herkunft: Schauhalle

20 *Links:* Pole, tanzend
Form-Nr.: 2668 (alt), 67057 (neu)
Modelljahr: 1759
Künstler: Johann Joachim Kaendler, Peter Reinicke
Staffage: Aufglasurfarbenmalerei
Objektdatierung: 1924–1934
Inventarnummer: 1023
Höhe: 14,8 cm
Herkunft: Schauhalle
Rechts: Polin, tanzend
Form-Nr.: 2669 (alt), 67058 (neu)
Modelljahr: 1759
Künstler: Johann Joachim Kaendler, Peter Reinicke
Staffage: Aufglasurfarbenmalerei
Objektdatierung: 1924–1934
Inventarnummer: 3081
Höhe: 15,4 cm
Herkunft: Schauhalle

21 Liebespaar nach der Jagd (Ausschnitt)
Form-Nr.: 468 (alt)
Modelljahr: 1743
Künstler: Johann Joachim Kaendler
Staffage: Aufglasurfarbenmalerei
Objektdatierung: nach 1934
Inventarnummer: 8243
Höhe: 24,5 cm
Breite: 29,5 cm
Herkunft: Schauhalle

22 *Links:* Jäger mit Spieß und Hund
Form-Nr.: 628 (alt), 63016 (neu)
Modelljahr: 1745
Künstler: Johann Friedrich Eberlein
Staffage: Aufglasurfarbenmalerei
Objektdatierung: um 1900
Inventarnummer: 8159
Höhe: 15,5 cm
Herkunft: Schauhalle
Rechts: Jäger mit Hund und erlegtem Hasen
Form-Nr.: 671 (alt), 63017 (neu)
Modelljahr: 1745
Künstler: Johann Friedrich Eberlein
Staffage: Aufglasurfarbenmalerei
Objektdatierung: um 1900
Inventarnummer: 8168
Höhe: 14,0 cm
Herkunft: Schauhalle

23 *Links:* Jägerin mit Hund
Form-Nr.: B 40 (alt), 63067 (neu)
Modelljahr: um 1766
Künstler: unbekannt
Staffage: Aufglasurfarbenmalerei
Objektdatierung: um 1920
Inventarnummer: 8171
Höhe: 14,0 cm
Herkunft: Schauhalle
Rechts: Jäger mit Waldhorn und Flinte
Form-Nr.: B 41 (alt), 63064 (neu)
Modelljahr: um 1766
Künstler: unbekannt
Staffage: Aufglasurfarbenmalerei
Objektdatierung: nach 1880
Inventarnummer: 3093
Höhe: 14,0 cm
Herkunft: Schauhalle

24 Wolfsjagd (Ausschnitt)
Form-Nr.: 920 (alt), 78560 (neu)
Modelljahr: 1747
Künstler: Johann Joachim Kaendler
Staffage: Aufglasurfarbenmalerei
Objektdatierung: um 1880
Inventarnummer: 3100
Höhe: 19,5 cm
Breite 17,7 cm
Tiefe: 12,5 cm
Herkunft: Schauhalle

25 Schäferpaar mit Hund und drei Schafen
Form-Nr.: 341 (alt), 61019 (neu)
Modelljahr: 1738
Künstler: Johann Joachim Kaendler
Staffage: Aufglasurfarbenmalerei
Objektdatierung: 1924–1934
Inventarnummer: 94
Höhe: 27,6 cm
Breite: 18,5 cm
Tiefe: 10,0 cm
Herkunft: Schauhalle

26 Schäfergruppe
Form-Nr.: 2127 (alt), 61143 (neu)
Modelljahr: unbekannt
Künstler: unbekannt
Staffage: Aufglasurfarbenmalerei
Objektdatierung: 1924–1934
Inventarnummer: 125
Höhe: 15,5 cm
Breite: 12,0 cm
Tiefe: 7,0 cm
Herkunft: Schauhalle

27 Musizierende Schäfergruppe
Form-Nr.: 520 (alt), 61027 (neu)
Modelljahr: 1744
Künstler: Johann Joachim Kaendler
Staffage: Aufglasurfarbenmalerei
Objektdatierung: 1924–1934
Inventarnummer: 92
Höhe: 27,3 cm
Breite: 19,5 cm
Tiefe: 13,8 cm
Herkunft: Schauhalle

28 *Links:* Schäfer, Flöte blasend, mit Tasche, am Baumstamm
Form-Nr.: 848 (alt), 61051 (neu)
Modelljahr: 1747
Künstler: Johann Joachim Kaendler
Staffage: Aufglasurfarbenmalerei
Objektdatierung: 1952
Inventarnummer: 59
Höhe: 36,0 cm
Breite: 17,0 cm
Herkunft: Schauhalle
Rechts: Schäferin mit Tasche und Hut, am Baumstamm
Form-Nr.: 1109 (alt), 61057 (neu)
Modelljahr: 1749
Künstler: vermutlich Friedrich Elias Meyer
Staffage: Aufglasurfarbenmalerei
Objektdatierung: 1924–1934
Inventarnummer: 60
Höhe: 36,0 cm
Breite: 16,8 cm
Herkunft: Schauhalle

29 Vermählung von Bacchus und Venus
Form-Nr.: 2425 (alt), 73256 (neu)
Modelljahr: 1755
Künstler: Friedrich Elias Meyer
Staffage: Aufglasurfarbenmalerei
Objektdatierung: 1924–1934
Inventarnummer: 6932
Höhe: 26,0 cm
Breite: 21,8 cm
Herkunft: Schauhalle

30 Saturnus/Kronos als Taschenuhrhalter
Form-Nr.: 921 (alt), 70539 (neu)
Modelljahr: 1747
Künstler: Johann Joachim Kaendler
Staffage: Aufglasurfarbenmalerei
Objektdatierung: um 1865
Inventarnummer: 9502
Höhe: 34,2 cm
Herkunft: Schauhalle

31 Nereide mit Muschelschale (aus dem »Schwanenservice«)
Form-Nr.: 233 x (alt), 80503 (neu)
Modelljahr: 1738
Künstler: Johann Friedrich Eberlein
Staffage: Aufglasurfarbenmalerei
Objektdatierung: 1924–1934
Inventarnummer: 8273
Höhe: 35,7 cm
Herkunft: Schauhalle

32 Der Raub der Proserpina
Form-Nr.: 1836 (alt)
Modelljahr: 1752
Künstler: Johann Joachim Kaendler
Staffage: Aufglasurfarbenmalerei

Objektdatierung: um 1900
Inventarnummer: 6451
Höhe: 19,0 cm
Herkunft: Schauhalle

33 Die Entführung der Europa (Ausschnitt)
Form-Nr.: 2697 (alt), 70638 (neu)
Modelljahr: um 1750
Künstler: Johann Joachim Kaendler
Staffage: Aufglasurfarbenmalerei
Objektdatierung: 1924–1934
Inventarnummer: 6464
Höhe: 22,0 cm
Breite: 20,5 cm
Herkunft: Schauhalle

34 »Glück und Zeit« (Allegorie auf die Verherrlichung Sachsens)
Form-Nr.: A 80 (alt)
Modelljahr: 1766
Künstler: Johann Joachim Kaendler
Staffage: Aufglasurfarbenmalerei
Objektdatierung: um 1866
Inventarnummer: 6331
Höhe: 36,5 cm
Breite: 24,0 cm
Herkunft: Schauhalle

35 Allegorie »Die Luft«
Form-Nr.: 830 (alt), 70549 (neu)
Modelljahr: 1747
Künstler: Johann Joachim Kaendler
Staffage: Aufglasurfarbenmalerei
Objektdatierung: nach 1900
Inventarnummer: 6011
Höhe: 16,4 cm
Breite: 16,0 cm
Tiefe: 10,0 cm
Herkunft: Schauhalle

36 Allegorie »Das Feuer«
Form-Nr.: 836 (alt), 70551 (neu)
Modelljahr: 1747
Künstler: Johann Joachim Kaendler
Staffage: Aufglasurfarbenmalerei
Objektdatierung: um 1880
Inventarnummer: 6009
Höhe: 18,7 cm
Breite: 16,2 cm
Herkunft: Schauhalle

37 Allegorie »Die vier Jahreszeiten«
Form-Nr.: 1068 (alt), 61056 (neu)
Modelljahr: um 1748
Künstler: Johann Joachim Kaendler
Staffage: Aufglasurfarbenmalerei
Objektdatierung: nach 1934
Inventarnummer: 6685
Höhe: 19,5 cm
Breite: 18,5 cm
Herkunft: Schauhalle

38 Perserin auf Kamel (Allegorie »Asien«)
Form-Nr.: 761 (alt)
Modelljahr: 1745/46
Künstler: Johann Joachim Kaendler, Peter Reinicke
Staffage: Aufglasurfarbenmalerei
Objektdatierung: 1924–1934
Inventarnummer: 1094
Höhe: 20,0 cm
Breite: 14,3 cm
Herkunft: Schauhalle

39 Handwerkerfiguren
1. von links: Der Knopfmacher
Form-Nr.: 1388 (alt), 73136 (neu)
Modelljahr: 1750
Künstler: Johann Joachim Kaendler
Staffage: Aufglasurfarbenmalerei
Objektdatierung: 1910 (Jubiläumsmarke 1710–1910)
Inventarnummer: 238
Höhe: 22,5 cm
Herkunft: Schauhalle
2. von links: Der Böttcher
Form-Nr.: 1379 (alt), 73133 (neu)
Modelljahr: 1750
Künstler: Johann Joachim Kaendler
Staffage: Aufglasurfarbenmalerei
Objektdatierung: 1910 (Jubiläumsmarke 1710–1910)
Inventarnummer: 237
Höhe: 21,8 cm
Herkunft: Schauhalle
3. von links: Der Schwertfeger
Form-Nr.: 1392 (alt), 73140 (neu)
Modelljahr: 1750
Künstler: Johann Joachim Kaendler, Peter Reinicke
Staffage: Aufglasurfarbenmalerei
Objektdatierung: um 1900
Inventarnummer: 240
Höhe: 23,0 cm
Herkunft: Schauhalle

40 Bergschreiber und Karrenläufer
Form-Nr.: 1832 (alt), 69527 (neu)
Modelljahr: 1752
Künstler: Johann Joachim Kaendler
Staffage: Aufglasurfarbenmalerei
Objektdatierung: 1910 (Jubiläumsmarke 1710–1910)
Inventarnummer: 292
Höhe: 32,5 cm
Breite: 22,5 cm
Tiefe: 25,0 cm
Herkunft: Schauhalle

41 Winzergruppe am Faß
Form-Nr.: C 65 (alt), 61223 (neu)
Modelljahr: 1769
Künstler: Michel Victor Acier
Staffage: Aufglasurfarbenmalerei
Objektdatierung: um 1880
Inventarnummer: 1456
Höhe: 20,5 cm
Breite: 12,0 cm
Tiefe: 12,0 cm
Herkunft: Schauhalle

42 Gruppe »Der Ackerbau« (Ausschnitt)
Form-Nr.: C 91 (alt), 73333 (neu)
Modelljahr: 1770
Künstler: Michel Victor Acier
Staffage: Aufglasurfarbenmalerei
Objektdatierung: 1924–1934
Inventarnummer: 1145
Höhe: 29,0 cm
Breite: 20,5 cm
Tiefe: 15,0 cm
Herkunft: Schauhalle

43 Gärtnergruppe (Ausschnitt)
Form-Nr.: B 11 (alt), 61212 (neu)
Modelljahr: 1766
Künstler: Michel Victor Acier
Staffage: Aufglasurfarbenmalerei
Objektdatierung: nach 1934
Inventarnummer: 1143
Höhe: 24,5 cm
Breite: 17,5 cm
Tiefe: 15,5 cm
Herkunft: Schauhalle

44 *Links:* Knabe, Gänse fütternd
Form-Nr.: C 41 (alt), 73330 (neu)
Modelljahr: 1769
Künstler: Johann Joachim Kaendler
Staffage: Aufglasurfarbenmalerei
Objektdatierung: um 1890
Inventarnummer: 873
Höhe: 12,5 cm
Herkunft: Schauhalle
Rechts: Mädchen am Bauernhaus, Hühner fütternd
Form-Nr.: 2230 (alt), 73230 (neu)
Modelljahr: 1743
Künstler: Johann Gottlieb Ehder
Staffage: Aufglasurfarbenmalerei
Objektdatierung: nach 1934
Inventarnummer: 796
Höhe: 17,7 cm
Breite: 15,8 cm
Tiefe: 13,0 cm
Herkunft: Schauhalle

45 Der Gänsehandel
Form-Nr.: 720 (alt)
Modelljahr: 1745
Künstler: Johann Joachim Kaendler
Staffage: Aufglasurfarbenmalerei
Objektdatierung: um 1900
Inventarnummer: 779
Höhe: 17,2 cm
Breite: 16,0 cm
Tiefe: 12,0 cm
Herkunft: Schauhalle

46 Gärtnerkinder
Modelljahr: um 1740
Künstler: Johann Joachim Kaendler
Staffage: Aufglasurfarbenmalerei
Herkunft: Schauhalle
1. von links: Gärtnerkind (männlich) mit Sense
Form-Nr.: 3 (alt), 60304 (neu)
Objektdatierung: 1954
Inventarnummer: 1291
Höhe: 13,5 cm
2. von links: Gärtnerkind (weiblich) mit Rechen
Form-Nr.: 27 x (alt), 60353 (neu)
Objektdatierung: um 1880
Inventarnummer: 1361
Höhe: 12,7 cm
3. von links: Gärtnerkind (männlich) mit Früchtekorb
Form-Nr.: 27 (alt), 60352 (neu)
Objektdatierung: nach 1934
Inventarnummer: 1374
Höhe: 13,3 cm
4. von links: Gärtnerkind (weiblich) mit geknotetem Tuch
Form-Nr.: 3 x (alt), 60305 (neu)
Objektdatierung: 1955
Inventarnummer: 17559
Höhe: 13,5 cm
5. von links: Gärtnerkind (weiblich) mit Früchtekorb
Form-Nr.: 18 x (alt), 60335 (neu)
Objektdatierung: 1954
Inventarnummer: 1332
Höhe: 13,5 cm
6. von links: Gärtnerkind (männlich) mit Gießkanne
Form-Nr.: 18 (alt), 60334 (neu)
Objektdatierung: um 1880
Inventarnummer: 1342
Höhe: 12,5 cm

47 Affenkapelle
Modelljahr: 1764/65
Künstler: Johann Joachim Kaendler, Peter Reinicke
Staffage: Aufglasurfarbenmalerei
Herkunft: Schauhalle
Affe als Kapellmeister/Dirigent
Form-Nr.: 1 (alt), 60001 (neu)
Objektdatierung: nach 1934
Inventarnummer: 4548
Höhe: 17,5 cm
Affe als Baßgeiger
Form-Nr.: 2 (alt), 60002 (neu)
Objektdatierung: nach 1934
Inventarnummer: 518
Höhe: 12,5 cm
Affe mit Pauken/Paukenträger
Form-Nr.: 3 (alt), 60003 (neu)
Objektdatierung: 1978
Inventarnummer: 11275
Höhe: 13,0 cm
Affe mit Klarinette
Form-Nr.: 4 (alt), 60004 (neu)
Objektdatierung: 1979
Inventarnummer: 12899
Höhe: 13,0 cm
Affe als Trompeter
Form-Nr.: 5 (alt), 60005 (neu)
Objektdatierung: 1976
Inventarnummer: 13597
Höhe: 13,5 cm
Affe als Geiger
Form-Nr.: 6 (alt), 60006 (neu)
Objektdatierung: 1978
Inventarnummer: 13598
Höhe: 13,5 cm
Äffin als Sängerin
Form-Nr.: 7 (alt), 60007 (neu)
Objektdatierung: 1978

Inventarnummer: 12896
Höhe: 12,0 cm
Affe mit Dudelsack
Form-Nr.: 8 (alt), 60008 (neu)
Objektdatierung: 1978
Inventarnummer: 12889
Höhe: 14,0 cm
Affe mit Waldhorn
Form-Nr.: 9 (alt), 60009 (neu)
Objektdatierung: 1978
Inventarnummer: 12888
Höhe: 15,0 cm
Äffin als Sängerin
Form-Nr.: 10 (alt), 60010 (neu)
Objektdatierung: nach 1934
Inventarnummer: 4540
Höhe: 12,8 cm
Affe als Flötist
Form-Nr.: 11 (alt), 60011 (neu)
Objektdatierung: 1978
Inventarnummer: 12892
Höhe: 13,5 cm
Affe als Paukenschläger
Form-Nr.: 12 a (alt), 60012 (neu)
Objektdatierung: 1996
Inventarnummer: ohne
Höhe: 13,8 cm
Herkunft: Verkaufssortiment
Affe mit Triangel
Form-Nr.: 12 b (alt), 60013 (neu)
Objektdatierung: 1978
Inventarnummer: 13808
Höhe: 14,0 cm
Äffin als Sängerin
Form-Nr.: 13 (alt), 60014 (neu)
Objektdatierung: 1977
Inventarnummer: 11276
Höhe: 12,5 cm
Affe als Trommler
Form-Nr.: 14 (alt), 60015 (neu)
Objektdatierung: 1978
Inventarnummer: 13806
Höhe: 15,0 cm
Äffin mit Drehleier
Form-Nr.: 15 (alt), 60016 (neu)
Objektdatierung: 1924–1934
Inventarnummer: 4539
Höhe: 14,0 cm
Affe mit Gitarre
Form-Nr.: 16 (alt), 60017 (neu)
Objektdatierung: 1954
Inventarnummer: 4537
Höhe: 14,0 cm
Äffin als Sängerin
Form-Nr.: 17 (alt), 60018 (neu)
Objektdatierung: 1950
Inventarnummer: 506
Höhe: 13,0 cm
Affe als Fagottspieler
Form-Nr.: 18 (alt), 60019 (neu)
Objektdatierung: 1979
Inventarnummer: 12895
Höhe: 14,5 cm
Affe am Clavicord
Form-Nr.: 19 (alt), 60020 (neu)
Objektdatierung: 1957
Inventarnummer: 4546
Höhe: 13,0 cm
Äffin als Harfenspielerin
Form-Nr.: 20 (alt), 60021 (neu)
Objektdatierung: 1978
Inventarnummer: 12886
Höhe: 12,5 cm
Notenpult
Form-Nr.: 21 (alt), 60022 (neu)
Objektdatierung: 1978/79
Inventarnummer: 16108
Höhe: 9,0 cm

48 Bürgerliche Familie (Ausschnitt)
Form-Nr.: B 75 (alt)
Modelljahr: 1767
Künstler: Michel Victor Acier
Staffage: Aufglasurfarbenmalerei
Objektdatierung: um 1900
Inventarnummer: 6056
Höhe: 21,2 cm
Breite: 17,5 cm
Tiefe: 14,0 cm
Herkunft: Schauhalle

49 Der gute Vater
Form-Nr.: H 98 (alt), 73449 (neu)
Modelljahr: 1785
Künstler: Johann Carl Schönheit
Staffage: Aufglasurfarbenmalerei
Objektdatierung: um 1850
Inventarnummer: 6063
Höhe: 21,5 cm
Herkunft: Schauhalle

50 Mutter mit Kindern
Form-Nr.: F 38 (alt)
Modelljahr: um 1776
Künstler: unbekannt
Staffage: Aufglasurfarbenmalerei
Objektdatierung: nach 1934
Inventarnummer: 6048
Höhe: 21,5 cm
Herkunft: Schauhalle

51 Christian Fürchtegott Gellert Denkmal/Grabmal
(nach F. S. Schlegel)
Form-Nr.: F 90
Modelljahr: 1778
Künstler: Michel Victor Acier
Staffage: Goldmalerei
Objektdatierung: 1778
Inventarnummer: 12847
Höhe: 30,2 cm
Breite: 14,6 cm
Tiefe: 11,0 cm
Herkunft: Schauhalle

52 Christian Fürchtegott Gellert Denkmal (nach A. F. Oeser)
Form-Nr.: F 72 (alt)
Modelljahr: 1777
Künstler: Michel Victor Acier
(nach Oeser)
Staffage: Goldmalerei
Objektdatierung: 1924–1934
Inventarnummer: 6804
Höhe: 31,5 cm
Herkunft: Schauhalle

53 »Der Liebeshandel« bzw. »Der Liebesmarkt«
(Nach einer Wandmalerei aus Herculaneum)
Form-Nr.: H 95 (bestehend aus 8 Teilen)
Modelljahr: 1785
Künstler: Christian Gottfried Jüchtzer
(nach einer antiken Vorlage)
Material: Glasiertes Porzellan, weiß
Objektdatierung: nach 1934
Inventarnummer: 19940
Höhe: 46,0 cm
Breite: 51,5 cm
Tiefe: 41,0 cm
Herkunft: Schauhalle

54 Knöchelspielerin
(nach einer antiken Vorlage)
Form-Nr.: L 47 (alt)
Modelljahr: 1798
Künstler: Christian Gottfried Jüchtzer
(nach einer antiken Vorlage)
Material: Biskuitporzellan, weiß
Objektdatierung: um 1850
Inventarnummer: 17549
Höhe: 26,0 cm
Breite: 24,0 cm
Herkunft: Schauhalle

55 *1. von links:* Büste Apollo
Form-Nr.: H 5 (alt)
Modelljahr: 1782
Künstler: Johann Carl Schönheit, Christian Gottfried Jüchtzer
Material: Biskuitporzellan, weiß
Objektdatierung: 1814
Inventarnummer: 12842
Höhe: 12,5 cm
Breite: 5,0 cm
Tiefe: 5,0 cm
Herkunft: Schauhalle
2. von links: Büste Venus
Form-Nr.: H 14 (alt)
Modelljahr: 1782
Künstler: Johann Carl Schönheit
Material: Biskuitporzellan, weiß
Objektdatierung: um 1782
Inventarnummer: 12846
Höhe: 12,5 cm
Breite: 5,0 cm
Tiefe: 5,0 cm
Herkunft: Schauhalle
3. von links: Büste Bacchus
Form-Nr.: H 11 (alt)
Modelljahr: 1782
Künstler: Johann Carl Schönheit, Christian Gottfried Jüchtzer
Material: Biskuitporzellan, weiß
Objektdatierung: um 1782
Inventarnummer: 12845
Höhe: 12,3 cm
Breite: 5,0 cm
Tiefe: 5,0 cm
Herkunft: Schauhalle
4. von links: Büste Ceres
Form-Nr.: H 12 (alt)
Modelljahr: 1782
Künstler: Johann Carl Schönheit
Material: Biskuitporzellan, weiß
Objektdatierung: um 1782
Inventarnummer: 18264
Höhe: 13,3 cm
Breite: 5,0 cm
Tiefe: 5,0 cm
Herkunft: Schauhalle

56 Drei Grazien
Form-Nr.: H 71 (alt), 73465 (neu)
Modelljahr: 1784
Künstler: Christian Gottfried Jüchtzer
Staffage: Aufglasurfarbenmalerei
Objektdatierung: um 1820
Inventarnummer: 6128
Höhe: 40,3 cm
Herkunft: Schauhalle

57 Bacchus auf Panther
Form-Nr.: M 196 (alt)
Modelljahr: 1883 (nach einem Modell von 1861)
Künstler: Friedrich Rentsch
Staffage: Aufglasurfarbenmalerei
Objektdatierung: nach 1934
Inventarnummer: 10910
Höhe: 41,0 cm
Breite: 40,5 cm
Tiefe: 18,0 cm
Herkunft: Schauhalle

58 »Raphael Sanzio« (d. i. Raffaello Santi)
Form-Nr.: K 174 (alt)
Modelljahr: 1878 (nach einem Modell von 1858)
Künstler: Ernst Julius Hähnel
Material: Biskuitporzellan, weiß
Objektdatierung: um 1880
Inventarnummer: 16670
Höhe: 43,0 cm
Breite: 14,0 cm
Tiefe: 11,5 cm
Herkunft: Schauhalle

59 Tänzerin Fanny Elßler
Form-Nr.: V 60 (alt), 73378 (neu)
Modelljahr: um 1840 (bzw. 1836)
Künstler: nach Jean Auguste Barre
Material: Biskuitporzellan, weiß
Objektdatierung: um 1848
Inventarnummer: 6845
Höhe: 37,3 cm
Herkunft: Schauhalle

60 Kugelspielerin
Form-Nr.: Q 180 b (alt), 73415 (neu)
Modelljahr: 1897/98 bzw. 1903
Künstler: Walter Schott
Staffage: Aufglasurfarbenmalerei
Objektdatierung: um 1905
Inventarnummer: 4186
Höhe: 31,3 cm
Herkunft: Schauhalle

61 Mezzetin (Italienische Komödie, nach M. Sand)
Form-Nr.: S 126 (alt), 64586 (neu)

Modelljahr: 1899
Künstler: Romanus Andresen
Staffage: Aufglasurfarbenmalerei
Objektdatierung: 1899
Inventarnummer: 747
Höhe: 15,0 cm
Herkunft: Schauhalle

62 Fiorinetta (Italienische Komödie, nach M. Sand)
Form-Nr.: S 124 (alt), 64584 (neu)
Modelljahr: 1899
Künstler: Sigmund Karl August Ringler
Staffage: Aufglasurfarbenmalerei
Objektdatierung: 1899
Inventarnummer: 750
Höhe: 15,0 cm
Herkunft: Schauhalle

63 Pagliaccio (Italienische Komödie, nach M. Sand)
Form-Nr.: S 121 (alt), 64581 (neu)
Modelljahr: 1899
Künstler: Alfred König
Staffage: Aufglasurfarbenmalerei
Objektdatierung: 1899
Inventarnummer: 755
Höhe: 14,0 cm
Herkunft: Schauhalle

64 Arlequine (Italienische Komödie, nach M. Sand)
Form-Nr.: S 129 (alt), 64589 (neu)
Modelljahr: 1900
Künstler: Romanus Andresen
Staffage: Aufglasurfarbenmalerei
Objektdatierung: 1900
Inventarnummer: 743
Höhe: 14,5 cm
Herkunft: Schauhalle

65 Weiblicher Akt mit Spiegel und Rose (»Nach dem Bade«)
Form-Nr.: T 185 (alt)
Modelljahr: 1903
Künstler: Karl Theodor Eichler
Material: Glasiertes Porzellan, weiß (Weißstempel)
Objektdatierung: 1953
Inventarnummer: 9039
Höhe: 25,5 cm
Breite: 33,5 cm
Tiefe: 17,0 cm
Herkunft: Schauhalle

66 *Links:* Dame im Kostüm, mit Tuch
Form-Nr.: B 231 (alt)
Modelljahr: 1911
Künstler: Alfred König
Staffage: Aufglasurfarbenmalerei
Objektdatierung: 1911
Inventarnummer: 4163
Höhe: 26,2 cm
Herkunft: Schauhalle
Rechts: Elegante Dame im Abendkleid, mit Fächer
Form-Nr.: A 205 (alt)
Modelljahr: 1909
Künstler: Rudolf Hentschel
Staffage: Aufglasurfarbenmalerei
Objektdatierung: 1909
Inventarnummer: 4188
Höhe: 26,7 cm
Herkunft: Schauhalle

67 Kind mit Zeitungsmütze, auf einem Holzpferd reitend (Ausschnitt)
Form-Nr.: W 120 (alt), 73366 (neu)
Modelljahr: 1905
Künstler: Konrad Hentschel
Staffage: Aufglasurfarbenmalerei
Objektdatierung: 1905
Inventarnummer: 4185
Höhe: 17,0 cm
Herkunft: Schauhalle

68 »Hentschel-Kinder«
1. von links: Sitzendes Kind mit einem aus einer Schüssel saufenden Hund
Form-Nr.: W 123 (alt), 73369 (neu)
Modelljahr: 1905
Künstler: Konrad Hentschel
Staffage: Aufglasurfarbenmalerei
Objektdatierung: um 1905
Inventarnummer: 12065
Höhe: 8,7 cm
Herkunft: Schauhalle
2. von links: Kind mit Zeitungsmütze, auf einem Holzpferd reitend
Angaben: siehe Bild Nr. 67
3. von links: Sich bückendes Mädchen mit Puppe, an einem Puppenwagen
Form-Nr.: W 124 (alt), 73370 (neu)
Modelljahr: 1905
Künstler: Konrad Hentschel
Staffage: Aufglasurfarbenmalerei
Objektdatierung: nach 1934
Inventarnummer: 19707
Höhe: 13,3 cm
Herkunft: Schauhalle
4. von links: Mädchen mit einer Katze in den Armen, auf einem Bänkchen sitzend
Form-Nr.: W 121 (alt), 73367 (neu)
Modelljahr: 1905
Künstler: Konrad Hentschel
Staffage: Aufglasurfarbenmalerei
Objektdatierung: um 1920
Inventarnummer: 19706
Höhe: 11,5 cm
Herkunft: Schauhalle
5. von links: Sitzendes Kind mit Bilderbuch (Szenen aus dem »Struwwelpeter« von Heinrich Hoffmann)
Form-Nr.: U 149 (alt), 73354 (neu)
Modelljahr: 1904
Künstler: Konrad Hentschel
Staffage: Aufglasurfarbenmalerei
Objektdatierung: 1904 (Jubiläumsmarke 1710–1910)
Inventarnummer: 4166
Höhe: 10,5 cm
Herkunft: Schauhalle
6. von links: Stehendes Kind, aus einer Zwiebelmustertasse trinkend
Form-Nr.: W 118 (alt), 73364 (neu)
Modelljahr: 1905
Künstler: Konrad Hentschel
Staffage: Aufglasurfarbenmalerei
Objektdatierung: 1983
Inventarnummer: ohne
Höhe: 17,0 cm
Herkunft: Verkaufssortiment

69 Silberfuchs
Form-Nr.: V 189 (alt), 78814 (neu)
Modelljahr: 1928
Künstler: Oskar Erich Hösel
Staffage: Scharffeuerfarbenmalerei
Objektdatierung: 1971
Inventarnummer: 9021
Höhe: 17,0 cm
Breite: 27,0 cm
Tiefe: 11,5 cm
Herkunft: Schauhalle

70 Ziegenböckchen auf umgeworfener Milchschüssel
Form-Nr.: V 107 (alt), 78806 (neu)
Modelljahr: 1911
Künstler: Oskar Erich Hösel
Staffage: Scharffeuerfarbenmalerei
Objektdatierung: 1967
Inventarnummer: 17392
Höhe: 33,0 cm
Breite: 28,4 cm
Tiefe: 15,8 cm
Herkunft: Schauhalle

71 Indianer im Federschmuck, tanzend
Form-Nr.: V 121 (alt), 67080 (neu)
Modelljahr: 1907
Künstler: Oskar Erich Hösel
Staffage: Scharffeuerfarbenmalerei
Objektdatierung: 1907
Inventarnummer: 3933
Höhe: 21,5 cm
Herkunft: Schauhalle

72 Indischer Elefant
Form-Nr.: W 148 (alt)
Modelljahr: 1906
Künstler: Paul Walther
Staffage: Scharffeuerfarbenmalerei
Objektdatierung: 1910 (Jubiläumsmarke 1710–1910)
Inventarnummer: 7971
Höhe: 21,7 cm
Breite: 30,0 cm
Herkunft: Schauhalle

73 *Links:* Rhesusaffe mit Geige
Form-Nr.: C 272 (alt), 60024 (neu)
Modelljahr: 1912
Künstler: Otto Pilz
Staffage: Aufglasurfarbenmalerei
Objektdatierung: 1924–1934
Inventarnummer: 7925
Höhe: 16,7 cm
Herkunft: Schauhalle
Rechts: Schimpanse mit Klarinette
Form-Nr.: C 274 (alt), 60026 (neu)
Modelljahr: 1913
Künstler: Otto Pilz
Staffage: Aufglasurfarbenmalerei
Objektdatierung: 1913
Inventarnummer: 7926
Höhe: 16,2 cm
Herkunft: Schauhalle

74 Seelöwe
Form-Nr.: U 122 (alt)
Modelljahr: 1904
Künstler: Otto Jarl
Staffage: Scharffeuerfarbenmalerei
Objektdatierung: 1904
Inventarnummer: 7829
Höhe: 15,3 cm
Breite: 15,0 cm
Tiefe: 8,5 cm
Herkunft: Schauhalle

75 Großer Paradiesvogel
Form-Nr.: E 275 (alt)
Modelljahr: 1916
Künstler: Paul Walther
Staffage: Scharffeuerfarbenmalerei
Objektdatierung: 1924–1934
Inventarnummer: 4199
Höhe: 31,0 cm
Herkunft: Schauhalle

76 Genetten – Gruppe (Afrikanische Schleichkatzen)
Form-Nr.: C 230 (alt), 78613 (neu)
Modelljahr: 1912
Künstler: Rudolf Löhner
Staffage: Scharffeuerfarbenmalerei
Objektdatierung: 1912
Inventarnummer: 7744
Höhe: 24,2 cm
Breite: 20,5 cm
Tiefe: 15,2 cm
Herkunft: Schauhalle

77 Kakadu an Schale
Form-Nr.: X 129 (alt)
Modelljahr: 1907
Künstler: Paul Walther
Staffage: Scharffeuerfarbenmalerei
Objektdatierung: 1907
Inventarnummer: 9005
Höhe: 45,0 cm
Herkunft: Schauhalle

78 Teile aus dem Tafelaufsatz »Reineke Fuchs«
Künstler: Max Esser
Staffage: Aufglasurfarbenmalerei
Herkunft: Schauhalle
1. von links: Fischotter
Form-Nr.: H 225 (alt), 78879 (neu)
Modelljahr: 1922
Objektdatierung: 1922 (mit Fuchszeichen)
Inventarnummer: 3538
Höhe: 12,7 cm
2. von links: Blumenschale mit Weintrauben, obenauf Vogel
Form-Nr.: H 219 (alt)

Modelljahr: 1923
Objektdatierung: 1923 (mit Fuchszeichen)
Inventarnummer: 3542
Höhe: 37,5 cm
Breite: 17,5 cm
Tiefe: 15,2 cm
3. von links: Elster
Form-Nr.: H 236 (alt), 77379 (neu)
Modelljahr: 1922
Objektdatierung: 1922 (mit Fuchszeichen)
Inventarnummer: 3539
Höhe: 22,0 cm

79 Tänzerin (Loïe Fuller)
Form-Nr.: B 255 (alt), 73456 (neu)
Modelljahr: 1911
Künstler: Karl Theodor Eichler
Staffage: Aufglasurfarbenmalerei
Objektdatierung: 1911
Inventarnummer: 4175
Höhe: 26,8 cm
Herkunft: Schauhalle

80 Harlekin und Columbine (Ausschnitt)
Form-Nr.: D 287/A 1005 (alt), 73306 (neu)
Modelljahr: 1912/13
Künstler: Paul Scheurich
Staffage: Aufglasurfarbenmalerei
Objektdatierung: nach 1934
Inventarnummer: 3717
Höhe: 27,5 cm
Herkunft: Schauhalle

81 *1. von links:* Eusebius (aus dem »Russischen Ballett«)
Form-Nr.: D 284/A 1002 (alt), 73303 (neu)
Modelljahr: 1912/13
Künstler: Paul Scheurich
Staffage: Aufglasurfarbenmalerei
Objektdatierung: nach 1934
Inventarnummer: 7552
Höhe: 23,5 cm
Herkunft: Schauhalle
2. von links: Chiarina (aus dem »Russischen Ballett«)
Form-Nr.: D 286/A 1004 (alt), 73305 (neu)
Modelljahr: 1912/13
Künstler: Paul Scheurich
Staffage: Aufglasurfarbenmalerei
Objektdatierung: 1954
Inventarnummer: 7580
Höhe: 27,0 cm
Herkunft: Schauhalle
3. von links: Estrella (aus dem »Russischen Ballett«)
Form-Nr.: D 285/A 1003 (alt), 73304 (neu)
Modelljahr: 1912/13
Künstler: Paul Scheurich
Staffage: Aufglasurfarbenmalerei
Objektdatierung: 1924–1934
Inventarnummer: 7579
Höhe: 27,0 cm
Herkunft: Schauhalle
4. von links: Harlekin und Columbine (aus dem »Russischen Ballett«)
Angaben: siehe Bild Nr. 80
5. von links: Pierrot (aus dem »Russischen Ballett«)
Form-Nr.: D 283/A 1001 (alt), 73302 (neu)
Modelljahr: 1912/13
Künstler: Paul Scheurich
Staffage: Aufglasurfarbenmalerei
Objektdatierung: vor 1924
Inventarnummer: 12855
Höhe: 17,5 cm
Breite: 19,5 cm
Herkunft: Schauhalle

82–92 Manufakturisten-Figuren
Modelljahr: 1919
Künstler: Karl Theodor Eichler
Staffage: Aufglasurfarbenmalerei
Herkunft: Schauhalle

82 Massefahrer/Masseträger
Form-Nr.: F 247 (alt), 60552 (neu)
Objektdatierung: 1919
Inventarnummer: 9066
Höhe: 15,0 cm

83 Chemiker/Farbenmischer
Form-Nr.: F 251 (alt), 60556 (neu)
Objektdatierung: 1983
Inventarnummer: ohne
Höhe: 15,0 cm
Breite: 13,6 cm
Tiefe: 8,0 cm
Herkunft: Verkaufssortiment

84 Modelleur
Form-Nr.: F 245 (alt), 60550 (neu)
Objektdatierung: 1919
Inventarnummer: 9059
Höhe: 16,5 cm

85 Einleger/Kapseleinleger
Form-Nr.: F 246 (alt), 60551 (neu)
Objektdatierung: 1919
Inventarnummer: 9067
Höhe: 15,0 cm

86 Dreher
Form-Nr.: F 254 (alt), 60560 (neu)
Objektdatierung: 1994
Inventarnummer: 19930
Höhe: 16,3 cm
Breite: 11,5 cm
Tiefe: 13,0 cm

87 Blaumaler/Zwiebelmustermaler
Form-Nr.: F 253 (alt), 60558 (neu)
Objektdatierung: 1919
Inventarnummer: 9060
Höhe: 13,0 cm

88 Maler/Blumenmaler
Form-Nr.: F 252 (alt), 60557 (neu)
Objektdatierung: 1919
Inventarnummer: 9063
Höhe: 18,0 cm

89 Goldmaler
Form-Nr.: F 255 (alt), 60559 (neu)
Objektdatierung: 1994
Inventarnummer: 19931
Höhe: 14,0 cm
Breite: 8,5 cm
Tiefe: 9,5 cm

90 Brenner
Form-Nr.: F 250 (alt), 60555 (neu)
Objektdatierung: 1983
Inventarnummer: ohne
Höhe: 17,5 cm
Herkunft: Verkaufssortiment

91 Geschirrträger
Form-Nr.: F 248 (alt), 60553 (neu)
Objektdatierung: 1919
Inventarnummer: 9061
Höhe: 19,0 cm

92 Verkäuferin/Lageristin
Form-Nr.: F 249 (alt), 60554 (neu)
Objektdatierung: 1919
Inventarnummer: 9062
Höhe: 15,0 cm

93 Schlafende Vagabunden
Form-Nr.: A 1072 (alt), 85033 (neu)
Modelljahr: 1923
Künstler: Ernst Barlach
Material: Böttgersteinzeug
Objektdatierung: 1923
Inventarnummer: 3555
Höhe: 29,0 cm
Breite: 43,5 cm
Tiefe: 29,7 cm
Herkunft: Schauhalle

94 Leuchterreiter
Form-Nr.: F 290/A 1017 (alt), 85003 (neu)
Modelljahr: 1920
Künstler: Gerhard Marcks
Material: Böttgersteinzeug
Objektdatierung: 1920
Inventarnummer: 5938
Höhe: 26,0 cm
Breite: 21,5 cm
Tiefe: 8,0 cm
Herkunft: Schauhalle

95 Schneider Wibbel
Form-Nr.: R 287 (alt), 73351 (neu)
Modelljahr: 1950
Künstler: Alexander Struck
Material: Glasiertes Porzellan, weiß (Weißstempel)
Objektdatierung: 1996
Inventarnummer: ohne
Höhe: 20,0 cm
Breite: 18,0 cm
Herkunft: Verkaufssortiment

96 »Die Hochzeit des Mackie« (Ausschnitt)
1. von links: Gauner, mit Glas
Form-Nr.: X 256 (alt), 60455 (neu)
Modelljahr: 1970
Künstler: Peter Strang (Form), Heinz Werner (Staffage)
Staffage: Aufglasurfarbenmalerei
Objektdatierung: 1970 (Modell)
Inventarnummer: 5767
Höhe: 13,5 cm
Herkunft: Schauhalle
2. von links: Polly
Form-Nr.: X 253 (alt), 60452 (neu)
Modelljahr: 1970
Künstler: Peter Strang (Form), Heinz Werner (Staffage)
Staffage: Aufglasurfarbenmalerei
Objektdatierung: 1970 (Modell)
Inventarnummer: 5768
Höhe: 19,0 cm
Herkunft: Schauhalle
3. von links: Mackie
Form-Nr.: X 252 (alt), 60451 (neu)
Modelljahr: 1970
Künstler: Peter Strang (Form), Heinz Werner (Staffage)
Staffage: Aufglasurfarbenmalerei
Objektdatierung: 1970 (Modell)
Inventarnummer: 5769
Höhe: 21,2 cm
Herkunft: Schauhalle
4. von links: Pfarrer
Form-Nr.: X 254 (alt), 60453 (neu)
Modelljahr: 1970
Künstler: Peter Strang (Form), Heinz Werner (Staffage)
Staffage: Aufglasurfarbenmalerei
Objektdatierung: 1970 (Modell)
Inventarnummer: 5764
Höhe: 17,0 cm
Herkunft: Schauhalle
vorn: Tisch
Form-Nr.: X 251 (alt), 60450 (neu)
Modelljahr: 1970
Künstler: Peter Strang (Form), Heinz Werner (Staffage)
Staffage: Aufglasurfarbenmalerei
Objektdatierung: 1970 (Modell)
Inventarnummer: 5772
Höhe: 7,2 cm
Breite: 25,0 cm
Herkunft: Schauhalle
im Hintergrund: Vorhang-Leuchter, groß bzw. klein
Form-Nr.:
X 258 (alt), 60557 (neu) – groß
X 259 (alt), 60558 (neu) – klein
Modelljahr: 1970
Künstler: Peter Strang (Form), Heinz Werner (Staffage)
Staffage: Aufglasurfarbenmalerei
Objektdatierung: 1970
Inventarnummer: 17598 (groß), 5763 (klein)
Höhe: 37,5 cm (groß), 33,6 cm (klein)
Breite: 41,5 cm (groß), 18,0 cm (klein)
Herkunft: Schauhalle

97 Oberon
Form-Nr.: V 288 (alt), 70698 (neu)
Modelljahr: 1969

Künstler: Peter Strang (Form), Heinz Werner (Staffage)
Staffage: Aufglasurfarben- und Scharffeuerfarbenmalerei
Objektdatierung: 1969 (Modell, signiert)
Inventarnummer: 12770
Höhe: 39,8 cm
Herkunft: Schauhalle

98 »Der Sammler« (nach dem Film »Utz« mit Armin Mueller-Stahl)
Form-Nr.: 73530
Modelljahr: 1992
Künstler: Peter Strang (Form und Staffage)
Staffage: Aufglasurfarbenmalerei (teilweise mit nicht eingebrannter Farbe vom Künstler übermalt)
Objektdatierung: 1992
Inventarnummer: 19624
Höhe: 35,5 cm
Herkunft: Schauhalle

99 Musicalclowns
Künstler: Peter Strang
Staffage: Aufglasurfarbenmalerei
Herkunft: Schauhalle
1. von links: Clown mit Gitarre (d. i. Rudi Stolle)
Form-Nr.: 60466
Modelljahr: 1989
Objektdatierung: 1989
Inventarnummer: 19158
Höhe: 23,5 cm
2. von links: Clown mit Saxophon (d. i. Peter Strang)
Form-Nr.: 60462
Modelljahr: 1987
Objektdatierung: 1989
Inventarnummer: 19105
Höhe: 20,5 cm
3. von links: Clown mit Harmonika (d. i. Heinz Werner)
Form-Nr.: 60463
Modelljahr: 1987
Objektdatierung: 1989 (002/150 limitiert)
Inventarnummer: 19106
Höhe: 27,5 cm
4. von links: Clown mit Trommel (d. i. Volkmar Bretschneider)
Form-Nr.: 60464
Modelljahr: 1988
Objektdatierung: 1989
Inventarnummer: 19156
Höhe: 23,0 cm
5. von links: Clown mit Geige (d. i. Ludwig Zepner)
Form-Nr.: 60465
Modelljahr: 1989
Objektdatierung: 1989 (027/150 limitiert)
Inventarnummer: 19107
Höhe: 21,0 cm

100 Dame mit Hut (ohne Leuchter)
Form-Nr.: ohne/Unikat
Modelljahr: 1991
Künstler: Sylvia Klöde (Form), Sabine Wachs (Staffage)
Staffage: Aufglasurfarbenmalerei
Objektdatierung: 1991/92
Inventarnummer: 19868
Höhe: 37,0 cm
Herkunft: Schauhalle

101 *Mitte:* Narr mit roter Maske
Form-Nr.: ohne/Unikat
Modelljahr: 1996
Künstler: Jörg Danielczyk (Form), Matthias Scholz (Staffage)
Staffage: Aufglasurfarbenmalerei
Objektdatierung: 1996
Inventarnummer: ohne
Höhe: 33,5 cm
Breite: 8,0 cm
Tiefe: 9,0 cm
Herkunft: Künstlerische Werkstätten
Links: Narr mit Halbmaske
Form-Nr.: ohne/Unikat
Modelljahr: 1996
Künstler: Jörg Danielczyk (Form), Matthias Scholz (Staffage)
Staffage: Aufglasurfarbenmalerei
Objektdatierung: 1996
Inventarnummer: ohne
Höhe: 22,0 cm
Breite: 5,0 cm
Tiefe: 5,0 cm
Herkunft: Künstlerische Werkstätten
Rechts: Narr in Grün
Form-Nr.: ohne/Unikat
Modelljahr: 1996
Künstler: Jörg Danielczyk (Form), Matthias Scholz (Staffage)
Staffage: Aufglasurfarbenmalerei
Objektdatierung: 1996
Inventarnummer: ohne
Höhe: 23,0 cm
Breite: 4,8 cm
Tiefe: 5,6 cm
Herkunft: Künstlerische Werkstätten

102 *1. von links:* Ritter
Form-Nr.: ohne/Unikat
Modelljahr: 1995
Künstler: Jörg Danielczyk (Form und Staffage)
Staffage: Aufglasurfarbenmalerei
Objektdatierung: 1995
Inventarnummer: ohne
Höhe: 36,5 cm
Breite: 13,0 cm
Herkunft: Künstlerische Werkstätten
2. von links: König
Form-Nr.: ohne/Unikat
Modelljahr: 1995
Künstler: Jörg Danielczyk (Form und Staffage)
Staffage: Aufglasurfarbenmalerei
Objektdatierung: 1995
Inventarnummer: ohne
Höhe: 37,8 cm
Breite: 13,0 cm
Herkunft: Künstlerische Werkstätten
3. von links: Narr
Form-Nr.: ohne/Unikat
Modelljahr: 1995
Künstler: Jörg Danielczyk (Form und Staffage)
Staffage: Aufglasurfarbenmalerei
Objektdatierung: 1995
Inventarnummer: ohne
Höhe: 37,6 cm
Breite: 13,0 cm
Herkunft: Künstlerische Werkstätten

103 *Rechts:* Der Seidenstrumpf
Form-Nr.: Unikat 518
Modelljahr: 1996
Künstler: Olaf Fieber (Form und Staffage)
Staffage: Aufglasurfarbenmalerei
Objektdatierung: 1996
Inventarnummer: ohne
Höhe: 51,0 cm
Breite: 21,3 cm
Tiefe: 15,0 cm
Herkunft: Künstlerische Werkstätten
Links: Der Schönheitsfleck
Form-Nr.: Unikat 516
Modelljahr: 1996
Künstler: Olaf Fieber (Form und Staffage)
Staffage: Aufglasurfarbenmalerei
Objektdatierung: 1996
Inventarnummer: ohne
Höhe: 57,5 cm
Breite: 20,0 cm
Tiefe: 22,5 cm
Herkunft: Künstlerische Werkstätten

Anmerkungen

1 Rückert, Rainer: Meißener Porzellan 1710–1810. Ausstellung im Bayerischen Nationalmuseum München. – München, 1966. – S. 131
2 Reinheckel, Günter: Prachtvolle Service aus Meissener Porzellan. – Leipzig, 1989. – S. 85
3 Menzhausen, Ingelore: In Porzellan verzaubert. – Basel, 1993. – S. 59/60
4 Hauser, Arnold: Sozialgeschichte der Kunst und Literatur. – Dresden, 1987. – Bd. 2. – S. 448–449
5 Falcke, Otto von: Deutsche Porzellanfiguren. – Berlin, 1919. – S. 5
6 Berlin, Karl: Die Meissener Porzellanmanufaktur von 1710 bis 1910. – In: Festschrift zur 200jährigen Jubelfeier der ältesten europäischen Porzellanmanufaktur Meissen 1910. – Leipzig, 1911. – S. 76
7 Goder, Willi: Michel Victor Acier zum 250. Geburtstag. – In: Keramos, 1986, H. 112. – S. 30
8 Goder, Willi: Johann Carl Schönheit zwischen Kaendler und Acier. – In: Keramos, 1986, H. 114
9 Schulze, Katharina: Die Beteiligung der Meißener Porzellanmanufaktur an den Weltausstellungen 1851–1893. – Hamburg, 1992. – Maschinenmanuskript, S. 22ff.
10 Just, Johannes: Meissener Jugendstilporzellan. – Leipzig, 1983. – S. 99
11 Die Staatliche Porzellanmanufaktur Meißen seit dem Kriege. – In: Kunst und Kunstgewerbe. Blätter zur Förderung deutscher Wertarbeit. – 4. Jg., 1923, Nr. 1. – S. 1–4
12 Marusch-Krohn, Caren: Meissener Porzellan 1918–1933. Die Pfeifferzeit. – Leipzig, 1993. – S. 7
13 Rafael, Johannes: Paul Scheurich. 1883–1945. Porzellane für die Meissener Manufaktur. – Meißen, 1995. – S. 9
14 Ebenda, S. 19
15 Vgl. Reihe: Meissener Manuskripte, Sonderband VIII, 1995 / hrsg. von der Staatlichen Porzellan-Manufaktur Meissen
16 Angaben aus: Figuren und Gruppen aus den Jahren 1919–1938, Katalog 379, Nov. 1938; Neuheitenmappe Blatt 1–85, 1939–1944
17 Schott, Walter: Ein Künstler-Leben und gesellschaftliche Erinnerungen aus kaiserlicher Zeit. – Dresden, 1930. – S. 138f.
18 Brandstetter, Gabriele; Ochaim, Brygida Maria: Loïe Fuller. Tanz, Licht-Spiel, Art Nouveau. – Freiburg, 1989. – S. 97

Literaturverzeichnis

Albiker, Carl: Die Meißner Porzellantiere im 18. Jahrhundert. – Berlin, 1935. – 2. Aufl., 1959

Arnold, Klaus-Peter: Figürliches Porzellan aus der Sammlung Spitzner. Ausstellungskatalog der Porzellansammlung im Zwinger/Dresden. Ausstellung vom 19. 8. – 29. 12. 1988. – Dresden, 1988

Doenges, Willy: Meißner Porzellan. Seine Geschichte und künstlerische Entwicklung. – Berlin, 1907. – 2. Aufl., 1921

Falke, Otto von: Deutsche Porzellanfiguren. Herausgegeben im Auftrag des Deutschen Vereins für Kunstwissenschaft. – Berlin, 1919

Festschrift zur 200jährigen Jubelfeier der ältesten europäischen Porzellanmanufaktur Meissen 1910 / bearb. von Karl Berling, Julius Ludwig Ferdinand Heintze, Paul Gesell. – Leipzig, 1911

Fichtner, Fritz: Die Alt-Meißner Reifrockgruppen. – In: Dresdner Anzeiger, Wissenschaftliche Beilage. – Dresden, 203. Jg., 1932, Nr. 290 vom 18. 10. 1932

Graul, Richard: Einige Bemerkungen über die neueste figürliche Porzellanplastik. – In: Kunstgewerbeblatt, Neue Folge. – Leipzig, 19. Jg., 1908

Haenel, Erich: Die Königliche Porzellan-Manufaktur in Meiszen und ihre neueren Arbeiten. – In: Die Kunst. Monatshefte für freie und angewandte Kunst. – München, 16. Jg., 1913, Bd. 28

Herrmann, Hanns: Das Porzellanwerk Paul Scheurichs. – In: Cicerone. – Leipzig, 18. Jg., 1926, H. 21 (November)

Herrmann, Hanns: Probleme der modernen Porzellankunst. – In: Deutsche Rundschau. – Berlin, 52. Jg., 1926

Hofmann, Friedrich: Das Porzellan der europäischen Manufakturen im XVIII. Jahrhundert. Eine Kunst- und Kulturgeschichte. – Berlin, 1932. – 2. Aufl., 1980

Holzhausen, Walter: Keramiken von Erich Hösel, Meißen. – In: Keramische Rundschau und Kunst-Keramik. – Berlin, 37. Jg., 1929, Nr. 22

Josten, Hans: Das Tier in der Keramik. Zur Ausstellung im Stuttgarter Landesgewerbemuseum. – In: Der Cicerone. – Leipzig, Ausgabe B,14. Jg., 1922, H. 7 (April)

Just, Johannes: Meissener Jugendstilporzellan. – Leipzig; Gütersloh, 1983. – 2. Aufl., 1984

Kramer, Ernst: Die »Vier Monarchien«. – In: Keramos. – Düsseldorf, 1965, H. 28

Krieger, Martin: Türcken-Kopgen und türckische Figuren. – In: Keramos. – Düsseldorf, 1966, H. 32

Kunze, Joachim: Die »plastischen Productionen« der Königlich-Sächsischen Porzellanmanufaktur Meissen vom Jahre 1814 bis 1850. – In: Keramos. – Düsseldorf, 1987, H. 115

Lenz, Georg: Gärtnerfiguren in Porzellan. – In: Gartenschönheit. Eine Zeitschrift mit Bildern für Garten- und Blumenfreund, für Liebhaber und Fachmann. – Berlin, 1924, Nr. 5 (September)

Lill, Georg: Europäische Porzellanfiguren des 18. Jahrhunderts. Hirths Bilderhefte zu Kunst und Kunstgewerbe. – München, 1924, H. 1

Marusch-Krohn, Caren: Meissener Porzellan 1918–1933. Die Pfeifferzeit. – Leipzig, 1993

Meissener Konturen. Porzellane von Ludwig Zepner, Heinz Werner, Peter Strang, Rudi Stolle, Volkmar Bretschneider. 1960 bis 1990. – Ausstellungskatalog. – Ausstellung im Museum des Kunsthandwerks Leipzig, Grassimusem, vom 21. 9. 1991 bis 19. 1. 1992 und im Keramion-Museum für zeitgenössische Kunst, Frechen, vom 16. 2. bis 5. 4. 1992. – Leipzig, 1991

Menzhausen, Ingelore: Eine Meißner Porzellangruppe von 1775: »Die glücklichen Eltern«. – In: Dresdner Kunstblätter. – Dresden, 1963, Bd. 7

Menzhausen, Ingelore: Zur Geschichte der Porzellanfiguren Johann Joachim Kaendlers. – In: Keramik-Freunde der Schweiz. – Zürich, 1987, Nr. 31

Menzhausen, Ingelore: In Porzellan verzaubert. Die Figuren Johann Joachim Kändlers in Meißen aus der Sammlung Pauls-Eisenbeiss/Basel. – Basel, 1993

Münch-Khe, Willi: 225 Jahre Meißner Porzellan. – In: Die Kunst. Monatshefte für freie und angewandte Kunst, 36. Jg., Bd. 72, zweiter Teil: Angewandte Kunst. – München, 1935, H. 10

Olivar, Marcal (Daydi): Liebespaare – ein Thema des europäischen Porzellans im 18. Jahrhundert. – In: Berichte der Deutschen Keramischen Gesellschaft. – Würzburg; Bad Honnef/Rhein, 1959, Bd. 36, H. 9 (September)

Pelka, Otto: Porzellanplastik der Gegenwart. Wege und Ziele. – In: Sprechsaal. Zeitschrift für keramische … Industrie. – Coburg, 59. Jg., 1926, Nr. 28 vom 15. 7. 1926

Pelka, Otto: Meißner Figuren und Gruppen aus den Jahren 1919 – 1928. – In: Sprechsaal. Zeitschrift für keramische … Industrie. – Coburg, 63. Jg., 1930, Nr. 34 vom 21. 8. 1930

Pfeiffer, Max Adolf: Die Staatliche Porzellanmanufaktur Meißen seit dem Kriege. – In: Kunst und Kunstgewerbe. – Nürnberg, 4. Jg., 1923, Nr. 1

Rafael, Johannes: Paul Scheurich 1883–1945. Porzellane für die Meissener Manufaktur. – Meißen, 1995. – Meissener Manuskripte, Sonderheft VIII

Reinheckel, Günter: Friedrich Elias Meyer, ein Porzellanplastiker des 18. Jahrhunderts. – In: Silikattechnik. – Berlin, 1963, Bd. 14

Reinheckel, Günter: Die erste Folge der Pariser Ausrufer in Meissener Porzellan. – In: Keramos. – Düsseldorf, 1970, H. 50

Reinheckel, Günter: Pariser Ausrufer. Die zweite Folge in Meissener Porzellan und ihre Vorbilder. – In: Weltkunst. – München, 1992, H. 9

Rückert, Rainer: Meißener Porzellan 1710 – 1810. Ausstellung im Bayerischen Nationalmuseum München. – München, 1966

Rückert, Rainer: Meißen und der Schneiderspott. Bildquellen zum »Schneider auf dem Ziegenbock«. – In: Kunst und Antiquitäten, Zeitschrift für Kunstfreunde, Sammler und Museen. – Hannover, 1979, H. 3

Sauerlandt, Max: Deutsche Porzellanfiguren des 18. Jahrhunderts. – Köln, 1923

Schirmer, Lisa: Porzellan des galanten Zeitalters. – Leipzig, 1991

Schneider, Max: Probleme der Porzellanplastik. – In: Kunst und Kunstgewerbe. – Nürnberg, 7. Jg., 1927, Nr. 11 (August); 8. Jg., 1927, Nr. 2 (November); 8. Jg., 1927, Nr. 3 (Dezember)

Schnorr von Carolsfeld, Ludwig: Neue Arbeiten der Meißener Porzellanmanufaktur. – In: Kachel- und Töpferkunst. – Berlin, 4. Jg., 1925

Seidlitz, Woldemar von: Spitzners Sammlung Altmeißner Porzellane. – In: Zeitschrift für bildende Kunst. Kunstchronik, Neue Folge. – Leipzig, 1891, Bd. 2

Siepen, Bernhard: Die Kleinplastik. – In: Kunst und Kunstgewerbe. – Nürnberg, 4. Jg., 1924, Nr. 6 (März) und Nr. 7 (April)

Siepen, Bernhard: Die neue Porzellanplastik. Eine Kulturfrage. Gedanken zur Wiesbadener Porzellanausstellung. – In: Kunst und Kunstgewerbe. – Nürnberg, 8. Jg., 1928, Nr. 8 (Mai)

Sonntag, Hans; Karpinski, Jürgen (Fotos): Meissener Porzellan. Schönheit im Detail. – Berlin, 1991

Sonntag, Hans: Die Affenkapelle aus Meissener Porzellan. – Frankfurt a. M.; Leipzig, 1993

Sonntag, Hans: Meissener Porzellan. Bibliographie der deutschsprachigen Literatur. – Leipzig, 1994

Walcha, Otto: Die zweifigurigen Jahreszeitengruppen Kaendlers. – In: Keramos. – Düsseldorf, 1964, H. 24

Walcha, Otto: Anekdotische Meissener Porzellane des 18. Jahrhunderts. – Meißen, 1991

Zimmermann, Ernst: Die Porzellanplastik Kändlers. – In: Das Museum, eine Anleitung zum Genuß der Werke bildender Kunst. – Stuttgart, o. J. (um 1900), Bd. 8

Zimmermann, Ernst: Porzellanfiguren einst und jetzt. – In: Dresdner Anzeiger. Sonntagsbeilage. – Dresden, 4. Jg., 1904, Nr. 21 vom 22. 5. 1904

Zimmermann, Ernst: Neue Porzellan-Figuren. – In: Deutsche Kunst und Dekoration. – Darmstadt, 23. Jg., 1920, H. 7/8 (April/Mai), auch Bd. 46, April 1920 – September 1920

Zimmermann, Ernst: Neuere Porzellanplastik. Herbstausstellung der Dresdner Künstlervereinigung. – In: Keramische Rundschau. – Berlin,. 28. Jg., 1920, Nr. 13/14 vom 1. 4. 1920

Zimmermann, Ernst: Meissener Porzellan. – In: Deutsche Kunst und Dekoration. – Darmstadt, 27. Jg., 1924, Bd. 53, H. 6